창의적 학술 논문 쓰기의 전략

인문학 · 사회과학 · 자연과학의 통합적 논문 쓰기 A에서 Z까지

황성근

일반 글쓰기와 학술적 글쓰기, 미디어 글쓰기, 비즈니스 글쓰기 등 모든 장르의 글쓰기를 통합적으로 연구하고 교육하고 있는 국내의 전문 학자이자 대학 교수이다.

지금까지 대학과 사회교육기관에서 15년간 일반 글쓰기와 학술적 글쓰기, 미디어 글쓰기 교육을 담당하였으며, 한국은행과 국가인권위원회, 금융감독원, 삼성그룹 등에서 글쓰기 교육의 특강도 꾸준히 진행해 왔다. 또한 한국해양수산개발원과 국토연구원 등에서도 학술 논문 쓰기의 특강도 진행하였다. 현재 국립 군산대학교의 기초교육교수로 있으며, 한겨레교육문화센터에서 〈논문쓰기의 전략〉과 〈자유기고가 과정〉도 운영하고 있다.

저서로는 《미디어글쓰기》, 《너무나도 쉬운 비즈니스 글쓰기》, 《대학생을 위한 과학글쓰기》, 《정보의 생산과 시각적 표현》, 《글쓰기로 돈 버는 자유기고 한번 해볼까》, 《독일문화 읽기》 등 10여 권이 있으며, 연구 논문으로 〈말하기와 글쓰기의 상관성 연구〉, 〈미디어 글의 수사학적 설득구조〉, 〈과학글쓰기의 학제적 접근을 위한 고찰〉, 〈텍스트를 활용한 글쓰기 교육 연구〉, 〈사회 초년생을 위한 의사소통 교육 방안〉, 〈기록문학과 저널리즘의 상관성 연구〉 등 수십 편이 있다.

창의적 학술 논문 쓰기의 전략

인문학 · 사회과학 · 자연과학의 통합적 논문 쓰기 A에서 Z까지

초판1쇄 발행 2013년 11월 10일
초판2쇄 발행 2019년 9월 5일

지은이 | 황성근
교정교열 | 정난진
펴낸이 | 이찬규
펴낸곳 | 북코리아
등록번호 | 제03-01240호
주소 | 462-807 경기도 성남시 중원구 상대원동 146-8
우림2차 A동 1007호
전화 | 02-704-7840
팩스 | 02-704-7848
이메일 | sunhaksa@korea.com
홈페이지 | www.북코리아.kr
ISBN | 978-89-6324-340-5 (03300)

값 15,000원

*본서의 무단복제를 금하며, 잘못된 책은 바꾸어 드립니다.
*이 도서의 국립중앙도서관 출판시도서목록(CIP)은 서지정보유통지원시스템 홈페이지(http://seoji.nl.go.kr)와 국가자료공동목록시스템(http://www.nl.go.kr/kolisnet)에서 이용하실 수 있습니다.(CIP제어번호: CIP2013026165)

창의적 학술 논문 쓰기의 전략

인문학 · 사회과학 · 자연과학의 통합적 논문 쓰기 A에서 Z까지

황성근 지음

북코리아

머리말

글쓰기의 중요성은 아무리 강조해도 지나치지 않다. 글쓰기는 인간의 기초 능력인 동시에 의사소통 능력의 핵심이 된다. 학업을 수행하든 사회생활을 하든 간에 글쓰기는 개인의 능력을 평가하는 중요한 잣대가 되고, 글쓰기를 제대로 수행하지 못하면 아무리 훌륭한 능력을 갖고 있다고 하더라도 인정받기가 어렵다. 특히 사회적으로 성공하거나 정치적으로 출세하려면 글쓰기는 핵심적인 무기가 된다.

학술 논문 쓰기 또한 학문을 연구하는 데 있어서 결정적인 역할을 한다. 연구자나 학자가 되려면 학술 논문을 반드시 쓸 줄 알아야 하고, 남들보다 더 인정을 받으려면 독창적인 학술 논문을 써야 한다. 그것도 대학이나 대학원에 다닐 때 제대로 된 학술 논문을 써 봐야 장차 능력 있는 연구자나 학자로서 진가를 발휘할 수 있다.

학술 논문은 학술적 가치가 있는 주제에 대한 연구 결과를 담아내는 글이다. 학술 논문은 연구자의 능력을 파악하는 척도가 되며, 얼마나 가치 있고 우수한 학술 논문을 생산하느냐에 따라 연구자 또는 학자로서의 평가가 달라진다. 아무리 연구 능력이 뛰어나다고 하더라도 학술 논문 쓰기를 제대로 하지 못하면 그 연구는 무용지물이 되기 십상이다.

학술 논문 쓰기는 일반 글쓰기보다 더 체계적이고 논리적인 부분이 요구된다. 학술 논문은 구성과 내용을 보더라도 일반 글과는 확연히 다르다. 글의 주제가 학술적일 뿐만 아니라 글의 분량도 적지 않고 내용 또한 깊이 있게 다룬다. 학술 논문 쓰기 방법을 터득하면 남들보다 더 훌륭한 학술 논문을 쓸 수 있다.

이 책은 학술 논문을 어떻게 써야 하는지에 대한 실전적인 핵심 노하우를 담고 있다. 학술 논문을 어떻게 써야 할지를 고민하는 연구자들에게 남들과 다른 독창적이고 우수한 학술 논문을 쓸 수 있는 방법을 알려준다고 할 수 있다.

이 책의 특징은 크게 세 가지로 나눌 수 있다. 우선 인문학과 사회과학, 자연과학 분야의 학문적 특징과 학술 논문을 통합적으로 접근해 어느 분야의 학술 논문을 쓰더라도 창의적인 학술 논문을 쓸 수 있도록 하는 데 중심을 두었다. 창의적 학술 논문 쓰기는 주제는 물론 내용상 다른 학술 논문과 차별성이 있어야 한다. 학술 논문이라고 하면 학문 분야별로 학술 논문 쓰기 방식이 따로 있다고 생각하는 경향이 있다. 그러나 학술 논문 쓰기는 큰 줄기로 보면 하나이다. 그리고 학술 논문은 학문 분야별로 독립적으로 존재하기보다 학술 논문의 주제와 연구 방법에 따라 내용이 담겨지는 그릇이 다를 뿐이다. 큰 줄기를 알고 나뭇가지를 이해하는 것과 큰 줄기를 모르고 나뭇가지를 이해하는 것은 엄청난 차이를 가져온다.

또 하나는 기존의 학술적 글쓰기나 논문 쓰기와는 다르게 구성하였다. 기존의 학술적 글쓰기와 논문 쓰기는 글쓰기의 과정에 따라 일률적으로 전개하는 경향이 있지만 이 책에서는 실질적으로 학술 논문을 제대로 그리고 차별적으로 쓸 수 있고, 진정한 의미의 학술 논문을 쓰는 과정으로 접근하였다.

학술 논문 쓰기에서 중요한 것은 다른 연구자와 달리 창의적인 학술 논문을 생산하는 일이고, 제대로 된 학술 논문을 쓰는 일이다. 남들과 차별되는, 제대로 된 학술 논문을 쓰기 위해서는 학술 논문의 생산 과정을 달리해야 하고, 그 과정에서 창의적인 학술 논문이 생산되도록 해야 한다. 특히 이 책은 목차부터 일반 글쓰기 또는 논문 쓰기와 다르게 접근하였다. 항목의 제목 또한 기존의 논문 쓰기나 학술적 글쓰기와는 다르다. 연구자들에게 제대로 된 학술 논문을 쓰기 위해서는 어떻게 해야 하는지를 알려주고 싶어서였다.

마지막으로는 실전적 사례와 더불어 글쓰기의 일반적인 부분에 녹여 전개하였다. 글쓰기는 통합적인 관점에서 바라봐야 한다. 그리고 글쓰기에서 중요한 것은 배경지식이다. 따라서 이 책은 학술 논문에서 배경지식을 확보하고 활용하는 방법에 실무적으로 접근하였다. 또한 글쓰기에서도 글쓰기의 기본원칙을 비롯해 서론과 본론, 결론 쓰기도 논리적으로 어떻게 구성하고 전개하는지를 실제의 사례와 함께 다루었다. 특히 주제 잡기를 비롯해 목차 잡기에서도 실제의 사례를 이론과 접목해 풀어냈다. 이 책은 한마디로 기존의 학술 논문 쓰기와는 많은 차이점을 갖고 있고 단순히 이론만이 아닌, 실제적인 학술 논문을 어떻게 쓸 수 있는지에 대한 원리를 구체적으로 풀어냈다고 할 수 있다.

이 책을 집필하는 데는 지금까지 15년 이상 대학과 사회교육기관에서 다양한 장르의 글쓰기 교육과 연구가 바탕이 되었음은 물론 대학과 대학원, 정부 기관에서 학술 논문 쓰기를 직접 교육하였고, 실제 우수한 박사학위 논문을 쓰는 과정에서 터득한 노하우가 바탕이 되었다.

몇 년 전부터 글쓰기 연구와 교육에 대한 경험과 실전을 모두 동원해 학술 논문 쓰기의 근본적인 지침과 원리적 방법을 제공하려고 집필을 계획했지만 지금에서야 결실을 맺게 되었다. 이 책을 통해 제대로 된, 남들과 다른 학술 논문 쓰기를 할 수 있기를 기대해 본다.

2013년 10월

연구실에서

CONTENTS

CONTENTS

CONTENTS

1장

학술 논문이란 무엇인가?

1. 학술 논문이란?

우리 주변에는 수많은 글이 존재한다. 일상생활에서 수시로 접하는 신문기사가 있는가 하면 소일거리로 가볍게 읽는 잡지 글도 있다. 책장에 꽂혀 있는 단행본의 글도 있고, 도서관에서 접할 수 있는 논문도 있다. 그리고 하루에 몇 차례씩 드나드는 인터넷에도 다양한 글이 존재한다. 일상의 정보를 주는 글도 있고 재미를 주는 글도 있다. 또한 가볍게 생각하게 하는 글도 있다. 그렇다고 일상에서 다른 사람의 글만 접하는 것은 아니다. 우리가 직접 생산하는 글도 적지 않다. 스마트폰이나 인터넷에서 수없이 주고받는 문자도 글이고, 필요에 따라 간단히 적어놓은 메모도 글이다. 한마디로 우리의 일상은 글 속에 파묻혀 있다고 해도 과언이 아니다.

그러나 평소에 글이 어떤 의미를 주는지에 대해 깊이 있게 생각하는 일은 많지 않다. 또한 막상 글쓰기를 한다고 하면 '글쓰기가 왜 이리 어려운 거야?'

라고 생각한다. 간단한 메모나 일기 쓰기는 별다른 어려움을 겪지 않지만, 뭔가 그럴듯한 글을 쓰려면 생각이 복잡해지고 고민이 많아진다. 글쓰기에 아무런 목적을 두지 않는다면 '대충 써도 되겠지' 하는 생각을 하지만, 뭔가를 이루려고 글쓰기를 한다면 그때부터 생각이 달라진다. '어떻게 하면 좋은 글을 쓸 수 있을까?' 어떻게 하면 그럴듯하게 써서 다른 사람들에게 보여줄 수 있을까?' 등을 고민한다.

글쓰기에 대한 고민에는 우선 남들보다 좋은 글을 쓰고 싶은 욕망이 깔려 있다. 다른 사람보다 더 멋진 글을 써서 능력을 인정받고 사회적으로도 주목을 받고 싶어서이다. 특히 학문 공동체에서 학업에 열중하는 학생이나 연구자 또는 학자라면 누구나 한번쯤은 남들과는 다른 훌륭한 학술 논문을 쓰고 싶어 한다.

글쓰기에는 다양한 부분이 필요하지만, 글쓰기를 제대로 하려면 기본적으로 글의 유형과 차이점에 대해 이해하고 있어야 한다. 글은 유형에 따라 구성과 내용, 표현이 다르다. 모든 글이 동일한 구성을 취하는 것이 아니라 담고자 하는 내용에 따라 구조가 다르다. 이러한 부분을 정확히 파악하고 글쓰기를 진행해야 제대로 된 글, 나아가 훌륭한 글을 생산할 수 있다.

일반적으로 글은 크게 문학글과 비문학글로 나눈다. 문학글은 흔히 문학작품을 통칭한다. 문학글로는 시와 소설, 수필, 희곡이 있으며, 비문학글은 문학글 외의 모든 글을 말한다. 흔히 비문학글은 실용글로 표현된다. 비문학글은 다시 생활글과 학술글, 비즈니스글로 구분된다. 생활글은 일상생활에서 생산되는 모든 글을 의미하며, 누구나 부담 없이 쓰는 일기를 비롯해 자기소개서, 이력서, 서간문, 감상문, 비평문, 기사문 등이 해당된다. 학술글은 학술적인 내용을 담고 있는 글이다. 비즈니스글은 직장인들이 작성하는 업무상의 글이다. 비즈니스글은 회사의 사업적 내용을 담고 있으며, 대표적인 글로는 공문서와 기안서, 제안서, 보고서 등이 있다.

문학글과 비문학글의 가장 큰 차이는 내용이다. 문학글은 흔히 허구적인 내용을 담고 있지만, 비문학글은 허구가 아닌 사실이라는 내용을 담는다. 물론 수필은 다소 예외이지만 문학글은 논픽션, 즉 작가의 상상을 내용으로 한다. 표현에서도 차이가 있다. 문학글은 표현에서 추상성을 띠는 반면, 비문학글은 구체성을 띤다고 할 수 있다. 달리 말하면 문학글은 표현을 두루뭉술하게 해도 상관이 없으나, 비문학글은 명료하게 표현해야 한다는 점이다. 내용의 전개에서도 문학글은 궁금증을 야기하는 방식을 취하지만, 비문학글은 궁금증을 그 즉시 해소하는 방식을 추구한다. 결국 글은 어떤 유형의 글이냐에 따라 내용이나 표현, 전개 방식이 다르고, 비문학글에 속하는 생활글과 학술글, 비즈니스글 또한 부분적으로 다르다.

학술글은 비문학글이자 실용글에 속한다. 학술글은 영어로 'academic writing'으로 표현된다. 형용사 'academic'의 명사는 'academy'이고, 'academy'는 학문 공동체를 의미한다. 학술글은 말 그대로 학술적인 내용을 담고 있는 글이다. 좀 더 구체적으로 설명하자면 학문 공동체에서 생산되는 학문 연구의 결과를 토대로 학술적 주장을 담아내는 글이라고 할 수 있다. 물론 좀 더 포괄적으로 접근하면 생활글의 비평문이 학술글의 기초 글이라고 할 수 있다. 비평문은 하나의 대상에 대한 가치적인 판단을 담고 있는 글이다. 그러나 비평문은 전형적인 학술글이라기보다 학술글쓰기로의 접근을 시작하는 글로 보는 것이 타당하다.

학술글은 흔히 학술 논문으로 대변된다. 학술 논문은 대학이나 대학원에서 학생이나 연구자, 교수가 생산하는 학술적인 연구의 결과를 담는 글이자 학술적 주장을 논리적으로 펼치는 글이라고 할 수 있다. 그런 만큼 학술 논문은 일반 글과는 차원이 다르다. 학술 논문은 글의 분량은 물론 글의 주제와 형식, 내용에서도 일반 글과 확연한 차이가 있다. 학술 논문의 분량은 일반 글보다 훨씬 많을 뿐만 아니라 주제 또한 일상의 주제가 아니라 학술적 연구 가치를 지니는 주제가 된다. 글의 형식 또한 논문이라는 틀의 형식을 갖고 있으며, 내용도 학술적이며 깊이가 있다고 할 수 있다. 그러므로 학술 논문은 일반 글에 비해 내용의 깊이를 가질 뿐만 아니라 형식적인 면에서도 논리적이며 체계적인 글이라고 할 수 있다.

〈글의 유형〉

가. 문학글

시, 소설, 희곡, 수필

나. 비문학글

- 생활글
  일기, 자기소개서, 이력서, 서간문, 감상문, 기행문, 비평문, 기사문
- 학술글
  학위 논문, 연구 논문, 리포트
- 비즈니스글
  공문서, 기안서, 기획서

2. 학술 논문에는 어떤 유형이 있는가?

어떤 글이든 기준을 어디에 두느냐에 따라 글의 유형이 다르다. 학술 논문도 어떤 기준을 적용하느냐에 따라 유형이 달라진다. 그러나 학술 논문은 기본적으로 학문 분야에 따라 접근하는 경향이 있다. 학문 분야는 흔히 인문학과 사회과학, 자연과학이라는 큰 카테고리로 나눈다. 학술 논문 또한 인문학 분야의 인문학 논문, 사회과학 분야의 사회과학 논문, 자연과학 분야의 자연과학 논문으로 구분된다. 인문학 논문은 문학이나 사학, 철학 등의 분야에서 인문학적 연구 내용을 담고 있는 학술 논문을 의미하고, 사회과학 논문은 행정학이나 언론학, 법학 등의 분야에서 사회과학적 연구 내용을 담고 있는 학술 논문을 말한다. 자연과학 논문 또한 생물학이나 화학, 물리학 등의 자연과학 분야에서 학술적으로 쓴 논문을 의미한다. 그러나 이들 학술 논문은 학문 영역에 따라 구분되기보다 학문 분야의 특성에 따른 구분일 뿐이며, 전체적으로는 동일한 글이라고 할 수 있다. 특히 학술 논문은 학문 분야에 따라 구분되기보다 학술적 내용의 결과를 담아내는 형식이라고 생각하는 것이 더 합당하다.

흔히 자연과학 분야의 학술 논문 중 대표적인 것이 실험 논문이다. 실험 논문은 과학 실험을 통한 연구 결과를 담아내는 글이며, 실험 논문의 구성은 실험을 통해 생산된 데이터를 담아내는 가장 이상적인 형태를 취한다는 의미이다. 자연과학 분야의 실험 논문 양식은 인문학 논문에서도 생산될 수 있다. 예를 들어 인문학 논문에서 수업의 사례를 분석하는 내용을 담아낼 경우 자연과학 분야의 실험 논문과 유사한 형태를 띤다. 결국 학술 논문은 학문 영역에 따라 나눠지기보다 학술적 내용을 담아내는 글의 틀이 다르다는 사실을 인식

할 필요가 있다.

학술 논문은 학문 분야보다 내용의 깊이와 분량에 따라 나눠진다. 글의 내용과 분량은 서로 밀접한 관련이 있다. 글의 분량이 많으면 내용의 깊이가 더해지고 글의 분량이 적으면 내용의 깊이가 얕을 수밖에 없다. 학술 논문에 이 기준을 적용한다면, 흔히 소논문과 연구 논문, 학위 논문으로 나눌 수 있다. 소논문은 말 그대로 글의 분량이 많지 않은 학술 논문을 의미한다. 소논문에는 흔히 학생들이 과제로 제출하는 리포트나 보고서가 해당된다. 리포트는 연구자가 직접 조사하고 관찰하거나 실험한 내용을 담는 데 중점을 두고 있으며, 주로 학생들이 학기 중이나 학기 말에 과제로 제출한다. 글의 분량은 A4 10쪽 이내가 대부분이다. 소논문은 학술적인 연구 결과를 담기보다 학술적인 주제에 대한 주장을 논리적으로 서술한 글이라고 할 수 있다.

연구 논문은 소논문보다 학술적인 내용이 더 심층적으로 서술되는 논문이다. 연구 논문은 연구 대상에 대한 구체적이고 실증적인 방식으로 연구한 결과를 담아낸다. 그래서 연구 논문은 소논문에 비해 학술적인 가치가 있으며, 주로 대학의 연구자나 교수가 생산하는 글이라고 할 수 있다. 연구 논문의 분량은 A4 15~20쪽에 달하는 경우가 일반적이다. 자연과학 분야의 연구 논문은 6쪽 내외가 되기도 한다.

학위 논문은 말 그대로 학위를 취득하기 위해 쓰는 논문을 의미한다. 학위 논문이 연구 논문과 다른 점은 지도교수의 주도로 논문이 작성된다는 점이다. 물론 글의 분량 또한 연구 논문보다 많고 내용 또한 더 깊이가 있다고 할 수 있다.

학위 논문은 다시 학사학위 논문과 석사학위 논문, 박사학위 논문으로 구분된다. 학사학위 논문은 학사학위를 받는 데 쓰는 논문이며, 현재 대학에서는 학사학위 논문을 쓰는 대신 시험으로 대체하는 경우가 많다. 석사학위 논문은 석사학위를 받기 위해 쓰는 논문이며, 현재 일부 대학원에서는 석사학위 논문을 쓰지 않고 학위를 주는 경우도 있다. 박사학위 논문은 박사학위를 받기 위해 쓰는 논문이며, 학자로서 독립적으로 연구할 수 있는 능력을 인정하는 일종의 자격증에 해당된다고 할 수 있다.

연구 논문과 학위 논문의 차이점은 분량과 내용상의 깊이에 있으나 학위 논문은 연구 논문보다 좀 더 엄격한 형식을 취한다. 그리고 학위 논문은 논문의 심사 또한 체계적으로 진행된다. 결국 학술 논문은 학문 연구의 결과를 담아낸다는 점에서 공통점을 가지며, 연구의 깊이와 글의 분량에 따라 구분된다고 생각하면 이해하는 데 어려움이 없을 것이다.

3. 학술 논문의 조건은?

일반 글은 엄격한 조건이 요구되지 않는다. 일반 글은 기본적으로 구성과 내용상의 차별성을 갖지만, 형식적인 부분에서는 큰 차이를 보이지 않는다. 그러나 학술 논문은 일반 글과는 달리 일정한 조건을 요구한다. 학술 논문이 일정한 조건을 갖는 것은 일반 글에 비해 분량이 많을 뿐만 아니라 내용의 깊이가 다른 것이 원인이다. 학술 논문은 일반 글과는 달리 내용적인 면은 물론 형식적인 면뿐만 아니라 윤리적인 면에서도 조건을 지닌다.

1) 내용적 조건

학술 논문은 단순히 개인의 생각이나 의견을 서술하는 것이 아니라 학술적 주장을 제기하고, 그 과정에서 다른 연구자의 지식이나 의견을 활용해 주장의 정당성을 확보하는 방식을 취한다. 어떻게 보면 주장의 정당성을 논리적으로 전개하는 글이다. 특히 학술 논문은 문제의식에 입각해 주제를 정하고, 그 주제에 대한 내용을 전개할 때에는 논증 방식을 취한다. 학술 논문에서 주장은 학술적인 주장이고, 근거 또한 학술적인 근거를 마련해야 한다. 그리고 근거를 마련할 때에는 주제와 관련된 연구 자료를 활용해 주장의 타당성을 학술적으로 확보해야 한다. 그러다 보니 학술 논문은 논증적 글 또는 논증 형식의 글로 정의된다. 논증이란 근거를 동원해 주장의 옳음을 입증하는 행위를 의미한다. 그러므로 학술 논문은 내용상 주장의 정당성을 입증하기 위해 다양한 근거를 동원하는 글쓰기라고 할 수 있다. 결국 학술 논문은 내용상으로 볼 때 학술적 문제의식에 입각해 주제가 정해지고, 전체 내용이 논증 중심으로 전개되는 조건을 지닌다고 할 수 있다.

2) 형식적 조건

일반 글은 형식적인 부분이 약하다. 그러나 학술 논문은 형식적인 부분도 중요하다. 학술 논문의 형식적 조건은 무엇보다 글의 체계성을 보여주려는 데서 비롯된다. 일반 글은 단순하게 구성되지만 학술 논문은 제목과 목차, 서론과 본론, 결론, 참고문헌이라는 형식적 체계성을 갖는다. 제목은 학술 논문의 타이틀이며, 목차는 전체 내용을 일목요연하게 적은 차례이다. 서론은 학술 논문의 도입부를 의미하고, 본론은 학술 논문의 핵심 내용 부분을 말한다. 그리고 결론은 학술 논문의 마무리 부분이다. 참고문헌은 학술 논문을 쓰면서 참고한 문헌을 제시하는 부분이다. 학술 논문이 이러한 형식을 갖는 것은 학술 논문의 분량이나 특성과 관련된다. 학술 논문은 일반 글에 비해 많은 분량으로 서술된다. 글의 분량이 많으면 전체 내용을 한눈에 파악할 수 있는 목차가 요구되고, 서론과 본론, 결론의 구성에서도 복잡성을 갖는다. 또한 학술 논문은 연구자의 지식만으로 내용을 전개할 수 없다. 다른 연구자의 지식이나 의견을 참고하고, 그것이 결국 참고문헌으로 제시된다. 이러한 부분이 바로 일반 글과 다른 점이라고 할 수 있다.

3) 윤리적 조건

글쓰기에서 윤리적인 부분은 상당히 중요하다. 다른 사람의 글을 함부로 베끼거나 도용해서는 안 된다. 학술 논문은 일반 글과는 달리 이러한 부분이 더욱 엄격하게 요구된다. 글쓰기에서 윤리적 부분은 학문을 하는 태도와도 밀접한 관련이 있다. 학술 논문은 주장에 따른 근거를 동원해 서술되고, 그 과정에서 다른 연구자의 주장이나 의견을 동원하는 일이 적지 않다. 데이터의 사용이나 내용의 서술에서 정직함을 보여줘야 한다. 데이터를 조작하거나 변조해서도 안 되며, 다른 사람의 주장을 그대로 베끼거나 다른 사람의 의견을 무단으로 활용해서도 안 된다. 다른 연구자의 주장이나 근거를 제시할 때에는 출처를 반드시 밝혀주어야 한다. 한마디로 학술 논문에서는 어떤 대상에 대해 연구하더라도 연구의 진실성이 보장되어야 한다. 이러한 부분이 학술 논문에서 일반 글보다 더욱 엄격히 요구된다고 할 수 있다.

〈학술 논문의 조건〉

가. 내용적 조건
문제의식에 입각한 주제 설정과 내용이 논증 중심으로 전개된다.

나. 형식적 조건
목차, 서론, 본론, 결론, 인용, 각주, 참고문헌으로 구성된다.

다. 윤리적 조건
표절이나 변조, 위조를 하지 않는 연구의 진실성이 요구된다.

4. 학술 논문 쓰기의 과정은 어떠한가?

학술 논문의 생산 과정은 일반 글쓰기와 거의 동일하다. 일반 글쓰기는 글감 찾기에서 시작해 주제 잡기와 자료 수집, 글 구성하기, 글쓰기, 글 고치기의 순으로 진행된다. 그러나 모든 글이 글쓰기의 과정을 철저히 거치지 않는다. 일부 글은 한두 개의 과정이 생략되거나 진행되지 않는 경우도 있다. 예를 들어 일기는 자료 수집 과정이 필요 없다. 일기는 하루의 체험을 중심으로 서술하기에 굳이 자료 수집을 하지 않아도 된다. 또한 에세이도 필요한 경우를 제외하고는 굳이 자료 수집을 하지 않는다. 그러나 글의 내용이 깊이가 있거나 단순한 체험만으로 서술되기 어려울 때에는 글쓰기의 전 과정을 거쳐야 한다. 특히 학술 논문의 경우 글쓰기의 전 과정을 순차적으로 철저히 진행해야 한다.

학술 논문 쓰기는 어떻게 보면 집을 짓는 과정과 동일하다. 집짓기는 막연한 상태에서 시작해서는 안 된다. 어떤 재료를 사용해 어떤 집을 지을 것인지를 구상하고, 실제로 집을 짓기 전에 전체 도면을 그려야 한다. 도면상의 오류가 없는지, 그리고 오류가 있으면 어떻게 해결할 것인지를 궁리해야 한다. 그러고 나서 집짓기를 시작해야 한다. 집짓기는 무턱대고 하면 제대로 된 집을 지을 수 없고, 어느 정도 짓다가 잘못되었다고 허물고 다시 지을 수도 없다. 그러면 시간적인 낭비는 물론 자원의 낭비가 심각해진다. 어떤 일이든지 시작할 때부터 철저히 계획해서 진행해야 한다.

학술 논문은 일반 글에 비해 각 단계마다 신중하게 접근하고 진행해야 한다. 글쓰기 과정에서 어느 한 단계라도 소홀히 하면 좋은 학술 논문이 생산되기 어렵다. 예를 들어 자료 수집을 보더라도 일반 글에서도 자료 수집이 중요하기는 하지만 학술 논문만큼 철저함을 요구하지 않는다. 글쓰기를 할 때 참고할 자료도 일반 글은 많이 필요하지 않지만 학술 논문은 다양한 자료를 활용해야 한다. 그리고 학술 논문에서 자료 수집이 잘못되었다면 자료를 다시 찾아야 하고, 그러다 보면 적지 않은 시간이 낭비된다. 이는 글쓰기의 고통을 야기하고 효율적인 글쓰기도 어렵게 한다. 이러한 점을 보더라도 학술 논문 쓰기가 일반 글쓰기보다 훨씬 체계적이고 심층적이라는 사실을 알 수 있다.

그러나 남들과 다른 창의적인 학술 논문을 쓰고자 한다면 글쓰기의 일반 과정보다 좀 더 세분화해 접근하는 것이 좋다. 학술 논문을 쓸 때 기존 방식을 고수하면 일반적 글쓰기와 다를 바가 없고 창의적인 구성이나 내용을 담기도 어렵다. 그런 만큼 학술 논문은 좀 더 세분화하고 체계적으로 진행할 필요가 있다.

학술 논문은 일반 글과는 달리 연구 대상 찾기 → 연구 주제 잡기 → 원자료의 생산 → 원자료의 읽기와 분석 → 목차 구성 → 참고자료 수집과 정리 → 목차 수정 → 글쓰기와 참고자료의 활용 → 글 고치기와 참고문헌 제시의 순으로 진행하는 것이 이상적이다. 일부에서는 일반 글쓰기의 과정으로 접근해도 상관없다고 하지만, 학술 논문을 창의적이고 체계적으로 쓰고자 한다면 다르게 접근하는 것이 도움이 될 것이다.

연구 대상의 찾기는 일반 글의 글감 찾기와 동일하다. 일반 글의 경우 일상생활의 주변에서 글감을 찾지만, 학술 논문은 전공하는 학문 영역에서 찾는 것이 일반 글과 다른 점이다. 연구 주제 잡기는 일반 글의 주제 잡기와 동일하다. 일반 글의 주제는 일상생활을 중심으로 잡지만, 학술 논문은 학문 분야에서 학술적인 주제를 잡는다는 점이 다르다고 할 수 있다.

그다음으로 학술 논문에서는 원자료의 생산이 요구된다. 원자료가 기존에 존재한다면 직접 생산할 필요가 없지만, 존재하지 않는다면 직접 생산해야 한다. 예를 들어 인문학의 경우 원자료가 문학작품이면 기존에 존재하기에 원자료를 직접 생산할 필요가 없다. 그러나 자연과학 분야에서 가설을 세우고 실험을 한다고 하면 원자료는 실험을 통해 직접 생산해야 한다.

원자료가 생산되면 그다음으로 진행해야 할 것은 원자료의 읽기와 분석이다. 원자료의 읽기와 분석은 원자료의 내용을 완벽하게 파악하고, 그것을 중심으로 학술 논문을 전개하기 위해 요구된다. 사실 원자료의 읽기와 분석을 얼마나 철저히 했는가에 따라 학술 논문의 질이 달라진다.

원자료의 읽기와 분석이 끝나면 그다음으로 진행해야 할 것은 목차 구성이다. 목차 구성은 원자료의 충분한 이해를 바탕으로 이뤄져야 한다. 목차 구성은 연구 주제에 필요한 내용이 무엇인가를 중심으로 할 필요가 있다. 목차 구성이 이뤄지면 곧바로 참고자료를 수집하고 정리해야 한다. 참고자료는 말 그대로 학술 논문을 쓰는 데 참고하는 자료를 의미한다. 학술 논문의 중심 자료는 원자료이고, 부수적인 자료는 참고자료이다. 일부에서는 참고자료를 중심으로 학술 논문을 전개하고자 하는 경우가 종종 있다. 이는 학술 논문 쓰기를 잘못 이해하고 있는 부분이다. 그리고 참고자료를 중심으로 목차 구성이나 내용을 전개하면 독창적인 학술 논문을 생산하는 것이 불가능하다.

참고자료의 수집과 정리가 끝나면 그다음으로 진행되는 것이 목차의 수정과 완성하기이다. 목차 잡기는 한번에 하기가 어렵다. 그래서 참고자료를 검토한 다음 수정이 이뤄져야 한다. 목차가 완성되면 그다음은 글쓰기가 진행된다. 글쓰기를 할 때에는 원자료의 내용을 중심으로 하면서 참고자료를 활용해야 한다. 참고자료를 활용하는 것은 학술 논문에서 학술적인 주장을 펼치는 데 주장의 근거로 활용하기 위해서이다.

그다음에는 글 고치기와 참고문헌을 제시해야 한다. 글 고치기는 학술 논문을 최종적으로 다듬는 과정이다. 이때에는 학술 논문의 전체 구성에서부터 내용의 보충이나 삭제, 논리적인 전개 여부와 표현 등에 대해 수정하게 된다. 그리고 글 고치기와 함께 참고문헌을 제시한다. 결국 학술 논문은 일반 글쓰기 과정보다 좀 더 세부적으로 가져가는 것이 창의적인 학술 논문 쓰기에 중요하다는 사실을 명심할 필요가 있다.

〈학술 논문의 쓰기 과정〉

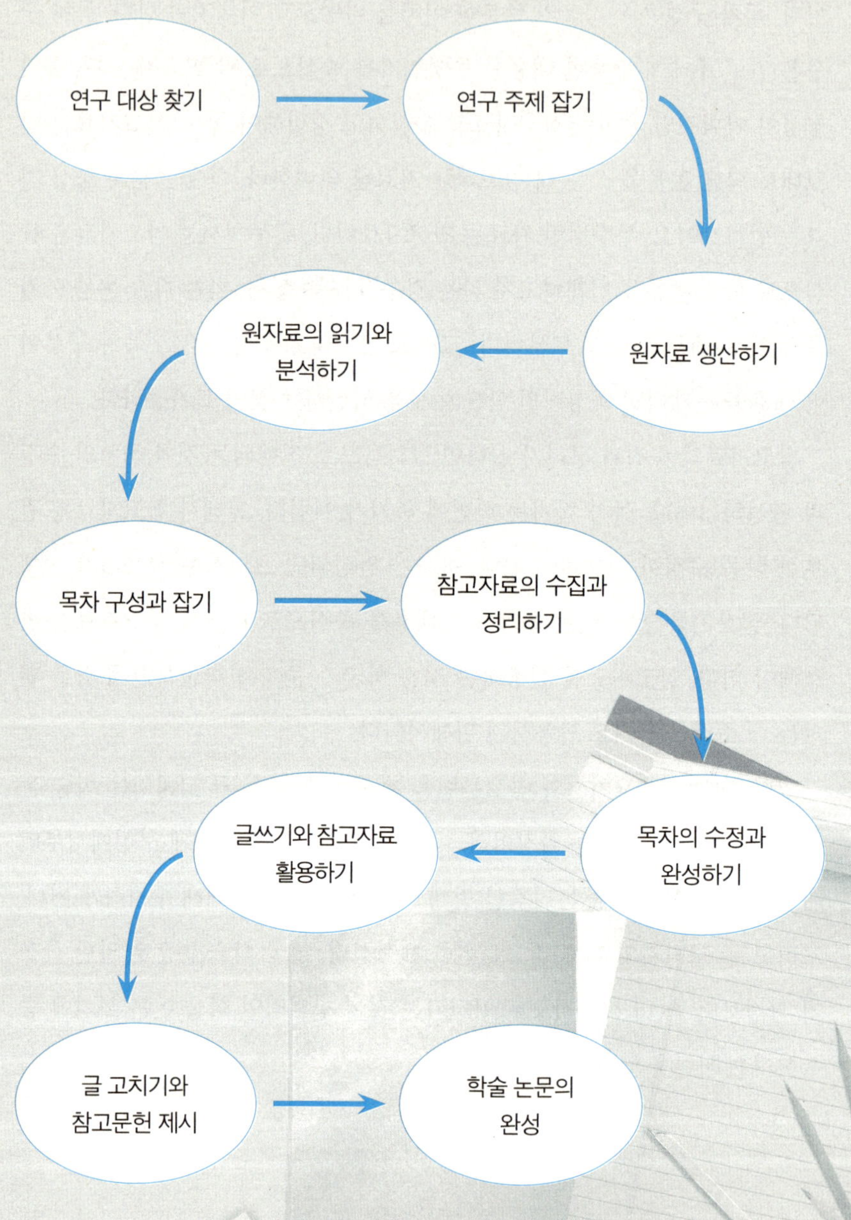

연구 대상 찾기
연구 주제 잡기
원자료 생산하기
원자료의 읽기와 분석하기
목차 구성과 잡기
참고자료의 수집과 정리하기
목차의 수정과 완성하기
글쓰기와 참고자료 활용하기
글 고치기와 참고문헌 제시
학술 논문의 완성

2장

학술 연구의 방법

1. 학술 연구란 무엇인가?

일반적으로 학문 공동체에서 행해지는 연구를 '학문 연구'라고 표현한다. 학문이란 흔히 진리를 탐구하는 행위를 말하고, 진리란 참된 이치 내지는 우주의 근원적인 원리를 의미한다. 특히 철학적으로 접근하면 진리는 언제나 누구에게나 타당하다고 인정되는 보편적인 법칙이나 인식을 내용으로 한다. 그러나 학문(學問)은 글자 그대로 배우고 익히는 것을 말한다. 배우고 익히는 것은 모르는 사실을 알고자 하는 행위에서 시작되고, 그것은 교육을 통해서뿐만 아니라 스스로의 탐구에 의해서도 가능하다. 결국 학문 연구란 세상의 이치나 우주의 원리를 연구하는 것을 의미하지만, 개인적인 일 또는 행위에 중심을 두는 경향이 있다.

그러나 학술 연구는 개인적 행위는 물론 사회적 행위로의 접근을 염두에 둔다. 학술 연구는 영어로 'academic research'라고 표현된다. 학술이란 사전적으로 학문과 관계되는 방법이나 기술, 그 이론을 의미하지만 학술은 학문의 기술 또는 학문을 진술하는 행위인 셈이다. 이러한 부분을 고려한다면 학술은 학문보다 더 포괄적인 의미를 지닌다고 할 수 있다.

학술 연구 또한 학문과 관련된 연구를 의미한다. 이는 학술 연구가 학문 연구보다 더 포괄적인 의미를 지니고 있음을 보여준다. 학문 공동체에서 흔히 표현하는 학술제의 의미를 보더라도 이를 쉽게 알 수 있다. 학술제란 바로 학문의 결과를 교류하기 위해 펼치는 행사를 일컫는다.

연구는 일상에서 수없이 많이 진행된다. 연구는 어떤 문제를 해결하기 위해 노력하려고 시도하는 과정이다. 연구는 하나의 현상을 파헤치거나 뭔가 새로운 것을 개발하기 위해 현상에 집중하고, 거기서 해결책을 마련하는 것을 의미한다. 연구 대상은 학문뿐만 아니라 일상의 문제, 주변에서 나타나는 현상, 일상의 도구 등이 된다. 그러나 이들 연구가 모두 학술 연구가 되지는 않는다. 이들 연구는 단순한 연구에 그칠 수도 있고, 연구 행위에만 머물 수도 있다. 그러나 학술 연구는 학술적 가치를 갖는 연구를 의미하고, 연구 결과는 학술 논문이라는 형태로 담겨진다. 학술 논문은 학문적 가치가 있는 연구를 학술적으로 담아낸 글이다. 좀 더 구체적으로 말하면 학술 논문이란 학술적 주제에 대한 연구 결과나 의견, 주장을 일정한 형식에 맞추어 논리적이고 체계적으로 쓴 글이다. 학술 논문의 주된 목적은 연구의 결과물을 다른 연구자들과 공유하는 데 있으며, 거기서 더 나아가 새로운 연구를 하는 디딤돌 역할을 하는 데 있다. 결국 학술 연구는 학문 연구의 확장적 의미를 지니는 학문적 연구 행위라고 할 수 있다.

2. 학문 분야는 어떤 차이가 있는가?

학문은 흔히 인간의 총체적 지식 체계라고 말한다. 학문은 인간에 의해 탄생되었고, 인간에 의해 발달하였다. 그러나 학문은 원래 지금처럼 분파되지 않았다. 학문은 하나의 통합적인 단위였다. 학문의 분파가 이뤄지기 시작한 것은 고대 그리스 시대의 아리스토텔레스에 의해서였으며, 17세기 초 베이컨에 의해 더욱 세부적으로 분류되었다. 그리고 19세기 과학기술의 발달로 인해 학문은 현재의 분류 틀을 갖게 되었다.

학문의 분류는 어떤 기준을 적용하느냐에 따라 다를 수 있다. 학문의 대상이 무엇이냐에 따라 구분할 수 있고, 학문이 어떻게 존재하느냐에 따라서도 나눌 수 있다. 그리고 어떤 목적을 갖는지, 또는 연구 방법에 따라서도 분류할 수 있다. 그러나 역사적으로 보면 학문은 학자나 학파, 지식의 관점에 따라 다르게 분류되는 경향이 많았다. 학문의 분파는 학문의 궁극적인 발전을 위한 부분이 없지 않지만, 학문의 발달은 궁극적으로 인간의 삶과 행복을 위한 것이며, 학문의 발달에는 인간이 그 중심에 놓여 있다고 할 수 있다.

실제 인간을 중심으로 접근한다면 인문학은 인간의 정신 세계를 다루고, 자연과학은 인간의 육체 부분을 다룬다고 할 수 있다. 또한 내용적 측면에서 보면 인문학이 인간의 사고 영역을 다룬다면 자연과학은 인간의 생활 영역을 다루고, 사회과학은 인간의 활동 영역을 다룬다고 할 수 있다. 이러한 부분은 결국 학문 영역에 따라 지식화하는 방법에서도 차별성을 갖게 만든다. 인문학은 어떤 현상이나 주변에서 관찰된 사실에 자신의 생각이나 추측을 보태 지식화하지만 자연과학에서는 어떤 현상이 있어났으면 그 현상이 왜 일어났는지에 관심을 두고 그 현상이 일어난 사실을 지식화한다.

또한 그 지식화에 대한 동의 기준도 다르다. 인문학은 어떤 주장에 대해 100% 동의하는 기준점이 없으나, 자연과학은 100% 동의하는 기준점이 존재한다. 예를 들면 인문학의 대표적인 학문인 철학을 보면 철학자는 특정 행동이나 가치관이 옳음이나 당위성을 말하지만, 거기에 동의하는 기준은 없다. 과학 분야를 보면 과학자들이 제시하는 현상과 원인에는 모두가 동의하는 기준이 존재한다. 이러한 부분은 학술 논문 쓰기에서도 차이를 드러낸다.

학문 분야에서 확연한 차이를 보여주는 것이 인문학과 자연과학이다. 사회과학은 인문학과 자연과학의 절충적인 부분을 보여준다. 인문학의 학술 논문은 주관성을 많이 띠는 반면, 자연과학의 학술 논문은 객관성을 많이 띤다고 할 수 있다. 표현에서도 인문학의 학술 논문이 다소 추상성을 띤다면 자연과학의 학술 논문은 구체성을 띤다고 할 수 있다.

또한 글의 분량에서도 적지 않은 차이를 보인다. 인문학의 학술 논문이 많은 분량의 내용을 담아낸다면 자연과학의 학술 논문은 인문학에 비해 다소 적은 분량의 내용을 담아낸다. 이러한 부분은 결국 학문 분야에 따른 학술 논문 쓰기의 차이를 보여준다고 할 수 있다. 그러나 학술 논문은 전체적으로 유사한 경향을 띠고 있으며, 어떠한 연구 내용을 담아내느냐에 따라 차이를 지니고 있다는 사실을 알아두는 것이 바람직하다.

〈학문의 차이〉

가. 외형적 측면
인문학(정신), 자연과학(육체)

나. 내용적 측면
인문학(사고), 사회과학(활동), 자연과학(생활)

〈인문학 논문과 자연과학 논문의 차이〉

구 분	인문학	자연과학
대 상	정신 또는 사고 세계	생활 영역, 자연 현상
연구 방법	질적	양적
서술 내용	의견 제시	사실 설명
표현 방식	주관적	객관적
분 량	많음	적음

3. 학술 연구의 방법에는 어떤 것이 있는가?

학술 연구의 방법은 다양하다. 학술 연구의 방법에 어떤 기준을 적용하느냐에 따라 다르게 설정된다. 그러나 일반적으로 학술 연구의 방법은 학문 분야별로 나눠지는 경향이 있다. 인문학은 인문학 분야의 연구 방법으로 나눠지고, 사회과학은 사회과학 분야의 연구 방법으로 나눠진다. 자연과학 또한 자연과학 분야의 연구 방법으로 나눠진다. 학문 분야별로 연구 방법이 나눠지는 것은 학문마다 연구 방법이나 학문적 특성의 다름에 기인한다. 인문학은 주관적이고 자연과학은 객관적이라고 할 수 있다. 사회과학은 인문학과 자연과학의 절충적인 부분이 있다고 할 수 있다.

현재의 학술 연구는 자연과학적인 방법을 많이 동원하는 경향으로 흐른다. 인문학 분야의 연구도 자연과학적인 방법을 동원한 연구 방법이 선호된다. 자연과학적 연구 방법으로 접근하는 것은 명확한 근거를 통한 객관성을 확보할 수 있다는 판단에서이다. 인문학 분야에서 선호되는 실증주의적 연구 방법이 여기에 해당된다. 학술 연구 방법은 학문 분야에 따라 다양하게 나눠질 수 있지만, 학문 분야를 하나의 통합적 관점에서 볼 때 학술 연구 방법은 크게 질적 연구와 양적 연구로 구분할 수 있다.

1) 질적 연구

질적 연구는 수치화되지 않은 연구 방법을 의미한다. 질적 연구는 연구 결과가 질적으로 제시되는, 즉 설명적으로 서술되는 연구를 말한다. 흔히 영어로 'qualitative research'라고 표현된다. 질적 연구는 모든 학문 분야에서 행해지지만 인문학 분야에서 많이 이뤄진다고 해도 과언이 아니다. 물론 사회과학과 자연과학 분야에서도 적지 않게 행해진다.

자연과학 분야에서의 질적 연구는 현상에 대해 기술하거나 탐색을 통해 사실적인 내용을 서술하려는 경우에 행해진다. 특히 자연과학 분야의 연구에서 흔히 이뤄지는 사례연구나 어떤 현상에 대한 관찰연구가 질적 연구가 된다. 사회과학 분야에서 이슈화된 문제나 사건에 대한 전문적인 식견을 요구하는 심층면접을 통한 연구가 질적 연구가 된다. 예를 들어 음주로 인한 심리변화에 대한 연구를 한다고 할 때 연구 대상이 어떤 심리변화를 겪게 되고, 그 과정에서 어떤 반응을 보였는지를 확인하는 연구가 해당될 수 있다. 물론 사회과학 분야의 질적 연구도 인문학 분야처럼 다양하다고 할 수 있다.

질적 연구는 아무래도 주관적인 연구가 된다. 질적 연구는 우선 다양한 접근과 해석이 가능하다. 하나의 대상에 대해 연구한다고 할 때 하나의 방법 내지 관점만 적용되지 않는다. 다양한 방법과 관점이 적용되고 연구 결과 또한 다양하게 존재한다. 연구 결과에 명확한 객관적인 기준이 적용되기보다 연구자의 주관이 적지 않게 개입된다. 그러다 보니 연구 결과 또한 타당성을 지니고 있을 뿐, 100%의 완벽한 동의 기준을 찾기 어렵다. 인문학 분야의 연구는 대부분 질적 연구에 해당된다. 인문학은 객관성보다 주관성이 강한 연구이고 연구자의 주장이나 의견이 강하게 개입된다.

질적인 연구는 대개 원자료를 직접 생산하기보다 기존의 자료를 활용한다. 특히 인문학이나 사회과학 분야에서 기존의 문헌자료가 그 대상이 된다. 질적 연구의 단점은 우선 연구에 시간적 소요가 많이 요구된다는 점이다. 질적 연구는 원자료를 직접 생산하지 않지만 자료가 포괄적이다. 원자료를 직접 생산할 경우 그 자료만을 대상으로 분석하고 해석하면 되지만, 질적 연구에서는 포괄적으로 접근해 진행된다. 그러다 보니 시간적 소요가 적지 않다.

또 하나는 연구를 일반화하기에는 다소 제약을 받는다는 점이다. 질적 연구는 수치적으로 표시돼 명료하게 도출되기보다 설명적으로 기술돼 추상적으로 도출되는 경향이 있다. 그러다 보니 연구를 일반화 내지 보편화하기가 어렵다고 할 수 있다.

질적 연구의 대표적인 방법으로는 문학연구와 문화기술연구, 현장연구, 사례연구가 있다. 문화기술연구는 인간의 생활문화 전반에 대한 기술적으로 연구하는 것을 말하며, 현장연구는 현장에서 일어나는 일이나 현상에 대한 연구를 의미한다. 사례연구의 경우에는 연구하고자 하는 사례를 통해 어떠한 결과를 도출해내는지를 연구하는 방법이다.

질적 연구의 특성은 다음과 같다.

① 질적 연구는 사전에 존재하는 대상을 연구한다. 인문학의 경우 기존에 존재하는 작품이 대상이 되며, 자연과학의 경우 자연적 환경, 즉 자연적 상태에서의 자료를 수집하여 연구한다.

② 질적 연구는 기술적이다. 자료 분석이 수치적으로 이뤄지지 않고 기술적이며, 자료의 내용도 수치화되지 않고 서술적으로 표현된다.

③ 질적 연구는 연구 결과보다 연구 과정을 중시한다. 연구 과정에서 얼마나 정확하게 파악했는지가 관건이 된다.

④ 질적 연구는 경험적 사실을 수집하고 그것을 분석해 이론을 만들어낸다. 특히 자연과학의 경우 가설이나 기존의 이론을 적용하지 않고 새로운 이론을 유도한다.

⑤ 질적 연구는 연구자가 주관적 입장을 취한다. 질적 연구는 자료를 수집하고 분석하며 해석하는 과정에서 연구자가 주관적 입장을 취하고, 그 결과를 서술하는 데도 주관적으로 수행한다.

⑥ 질적 연구는 연구자가 주체적인 역할을 수행한다.

⑦ 질적 연구는 귀납적 분석 방법을 취한다.

2) 양적 연구

양적 연구는 자연과학과 사회과학 분야에서 많이 선호되는 연구 방법이다. 양적 연구는 영어로 'quantitative research'로 표현되며, 연구 대상을 수치화하고 그것을 측정한 결과를 수치적으로 나타내는 연구 방법이다. 양적 연구에서는 대개 가설을 전제로 그 가설이 참인지, 거짓인지의 여부를 밝히는 데 초점을 맞추는 경향이 있다. 양적 연구에서는 연구를 수행하기 전에 연구에 대한 가설을 정하고, 그 가설을 검증하기 위해 원자료를 생산하고, 생산된 자료를 통해 가설이 타당한지, 타당하지 않은지를 확인하는 과정을 거친다.

예를 들어 스마트폰의 전자파 발생과 인체 유해 여부에 관한 연구를 한다고 하자. 이때 스마트폰에서 전자파가 어디서, 어떻게 그리고 얼마나 발생하고 그것이 인체에 얼마나 나쁜 영향을 미치는지를 실험적으로 연구해야 한다. 이때의 연구 결과는 수치적으로 제시되고 그것이 결국 양적 연구가 된다.

양적 연구에서 연구 대상은 반드시 측정이 가능해야 한다. 대상에 대한 측정은 객관적인 기준에 의한 도구가 적용되어야 한다. 측정도구로는 자연과학에서 활용되는 실험이나 사회과학에서 행해지는 설문조사가 될 수 있다. 이들은 모두 객관적 기준을 적용해 대상의 내용을 측정할 수 있으며, 그 결과 또한 수치적으로 생산된다.

양적 연구는 무엇보다 자료의 접근이 광범위하지 않고 제한적이라는 점이다. 질적 연구에서는 자료의 접근이 광범위하다. 그러나 양적 연구에서는 연구 대상이 매우 제한적이다. 어떻게 보면 하나만 대상이 될 수도 있다.

또 하나는 자료의 측정에서 도구를 사용한다는 점이다. 양적 연구에서 측정 도구는 자료의 생산에 결정적인 역할을 한다. 또한 양적 연구는 질적 연구에 비해 연구 시간이 많이 소요되지 않는다. 양적 연구는 제한적인 자료를 대상으로 특정한 도구를 사용해 측정함으로써 짧은 기간에 연구를 수행할 수 있다.

양적 연구는 일반화하는 것이 가능하다. 질적 연구는 연구를 일반화하기에는 예외적인 것이 존재하지만 양적 연구에서는 그러한 부분이 약하다.

양적 연구의 특성은 다음과 같다.

① 양적 연구는 수치적이다. 양적 연구의 결과는 양적으로 제시된다.

② 양적 연구는 도구화된 자료가 근원이 된다. 양적 연구는 자연 상태의 자료가 근원이 되는 것이 아니라 일정한 대상을 기준으로 해서 연구하게 된다.

③ 양적 연구는 연구자가 객체적인 역할을 한다. 양적 연구에서는 연구자가 연구 대상과 일정한 거리를 유지하며 감정의 개입을 최대한 자제한다.

④ 양적 연구는 연역적 분석 방법을 추구한다. 양적 연구는 가설을 전제로 그 가설의 진실 여부를 검증하는 과정으로 진행된다.

⑤ 양적 연구에서는 연구자가 객관적 입장을 취한다. 자료 수집은 물론 자료 분석도 객관적인 입장에서 수행된다.

3장

연구 대상과 주제 잡기

1. 연구 대상은 어떻게 찾을까?

학술 논문을 쓰려면 연구 대상을 찾는 일이 우선이다. 학술 논문은 무턱대고 쓰기보다 대상에 대한 기본적인 파악을 하고, 그 대상이 연구할 만한 가치가 있는지를 우선적으로 고려해야 한다. 학술 논문의 연구 대상은 일반 글의 글감을 찾는 것과 동일하다. 일반 글도 글감을 우선 찾아야 하고, 그 글감으로 글을 쓸 수 있는지를 판단한다. 일반 글에서 글감은 흔히 생활 주변에서 찾지만, 학술글의 연구 대상은 연구 분야에서 찾아야 하는 것이 기본이다. 연구 대상을 잘 찾는 것이 좋은 연구 또는 창의적 연구를 가져오고, 그것이 결국 가치 있는 연구의 시발점이 된다고 할 수 있다.

연구 대상은 전공 분야에서도 수없이 많이 존재한다. 특정 분야에 한정될 수 없고 학문 영역이 구분되긴 하지만, 학문 간 경계선이나 학문 영역 내에서도 수많은 대상이 존재한다. 예를 들어 문학을 전공한다면 연구 대상이 작가가 될 수도 있고 작품이 될 수도 있다. 그리고 문학 장르가 될 수도 있다. 작가가 대상이 된다면 작가의 일생 전체가 될 수도 있고, 특정 시기가 될 수도 있으며, 특정 작품이 될 수도 있다. 작품이 대상이 된다면 작품에 나타난 작가의 사상이나 사회 문제, 사랑, 인물 구조 등이 대상이 될 수 있다. 또한 언론학을 전공한다면 미디어가 될 수 있고, 커뮤니케이션이 될 수 있으며, 학자의 이론도 될 수 있다. 그리고 저널리즘 문학도 될 수 있다. 연구 대상을 찾을 때에는 한 분야에만 제한하기보다 열린 상태로 접근하는 것이 도움이 된다.

연구 대상 찾기는 우선 두 가지로 나눌 수 있다. 하나는 현재 전공하고 있는 분야에서 찾는 것이고, 또 하나는 전공 분야와 다른 분야를 연계해 찾는 방법이다. 전공 분야에서 찾는 것이 일차원적이라면 전공과 다른 분야를 연계해 찾는 것은 이차원적이라고 할 수 있다. 두 가지 방법에서 어느 것을 선택할 것인지는 무엇을 연구하고자 했는가, 또는 무엇을 연구할 것인가를 염두에 두고 정해야 한다.

연구 대상 찾기는 우선 전공 분야에서 시작한다. 전공 분야가 무엇인지를 우선적으로 파악하고, 그다음으로 전공 분야에서 관심 있는 분야가 무엇인지를 확인한다. 전공 분야를 학습하거나 연구하면서 어떤 분야에 왜 관심을 갖고 있는지, 그리고 왜 현재의 전공을 하게 되었는지에 대한 생각을 해 볼 필요가 있다. 대개 대학원에서는 학부와는 달리 전공을 타인에 의하기보다 자기 주도적으로 선택한다. 전공 분야에서 연구 대상을 찾을 때에는 평소 관심을 두고 있는 부분이 무엇인가를 구체적으로 생각하는 것이 좋다. 만약 관심을 가진 부분이 없다면 현 시점에서 전공 분야의 어떤 부분이 연구 대상이 되고 있는지를 고려한다.

학문에는 추세라는 것이 있다. 현재 어떤 분야의 연구가 많이 진행되고 있는지, 그리고 새롭게 진행될 분야는 어떤 것인지를 생각하고 그쪽으로 접근하면 연구 대상을 찾을 수 있다. 예를 들어 문학을 전공한다면 전공 분야의 문학보다 다른 나라의 문학과 비교하는 것도 한 가지 방법일 수 있다. 아니면 최근 작고한 작가에 대한 연구가 많이 이뤄지지 않았다면 그 작가를 대상으로 잡아도 무난하다.

다른 분야와 연계하는 방법은 전공 분야에서 확장된 방식을 취한다. 특히 다른 분야와의 연계는 최근 융합 내지는 융복합적 연구를 중요시하는 경향에 부합된다. 다른 분야와 연계하려면 관심 분야와 어떤 관련성이 있으며, 연계해서 뭔가 새로운 것을 도출할 수 있는지를 고려해야 한다. 관심 분야와 다른 분야가 동떨어지거나 연계성을 갖지 못할 경우에는 통합적 연구가 될 수 없고 연구의 가치도 지니기 어렵다.

다른 분야와 연계를 고려할 때에는 연계하고자 하는 분야에 대해 평소 관심이 있는지, 그리고 그 분야에 대해 얼마나 알고 있는지도 고려해야 한다. 연계하고자 하는 분야에 대해 잘 알지 못하거나 관심이 없다면 또 다른 고역으로 다가온다. 그리고 다른 분야와 연계했을 때 가치 있는 접근이 되는지도 판단할 필요가 있다. 예를 들어 글쓰기 분야를 전공한다면 글쓰기와 밀접한 관련이 있는 부분이 말하기가 된다. 그리고 말하기의 기본 원론을 제공하는 것이 수사학이 될 수 있다. 이때에는 글쓰기와 말하기를 연계하거나 글쓰기와 수사학을 접목해 연구 대상을 찾는 것도 한 가지 방법이 될 수 있다.

연구 대상을 찾기 위해서는 평소 노트화 작업을 하는 것도 하나의 방법이다. 평소에 관심이 있거나 연구할 가치가 있다고 생각하는 것을 노트화하면 연구 대상을 설정할 때 새로운 아이디어가 떠오를 수 있다. 또 하나는 학습 과정에서 발표하거나 수행한 과제물을 대상으로 삼는 것도 좋은 방법이다. 무엇이든지 막상 대상을 찾으려고 하면 잘 떠오르지 않는다. 따라서 평소에 메모하거나 노트화하는 것이 효과적이다. 일반 글쓰기에서도 글감을 찾을 때에는 평소에 관심이 있거나 주목할 만한 것이 있으면 메모 또는 노트화하면 좋다. 신문을 보거나 책을 읽을 때 관심 있는 부분을 적어두는 것도 좋은 방법이다. 뭐든지 열심히 준비하는 것만큼 효율성을 주는 것은 없다. 평소 관심 분야를 생각하고 어떻게 접근할 것인지를 고려하는 것이 필요하다고 할 수 있다.

연구 대상을 선정하는 과정은 다음과 같다.

① 연구하고 싶은 것이 무엇인지를 고려한다.

연구하고자 할 때에는 무엇을 할 것인지를 반드시 염두에 둔다. 그 무엇이 연구 대상을 잡는 데 윤곽을 제공한다. 어떤 연구든 시작하려고 할 때에는 막연하게나마 그 대상을 생각하게 된다.

② 왜 연구를 하는지에 대해 생각한다.

연구 목적은 궁극적으로 연구하게 된 동기를 의미하며, 연구 대상에 좀 더 구체적으로 접근하게 만든다. 연구 목적이 무엇이며, 그 이유가 무엇인지를 정확히 파악한다.

③ 실제로 접할 수 있는지를 고려한다.

연구 대상은 어느 곳에나 존재할 수 있다. 그러나 연구 대상을 실제로 접할 수 있어야 한다. 아무리 좋은 연구 대상이라고 하더라도 접근이 불가능하거나 실체를 분명히 갖고 있지 않다면 연구 대상이 될 수 없다.

④ 어떤 결과를 도출할 수 있는지 판단한다.

연구 대상은 반드시 연구 결과를 얻을 수 있어야 한다. 연구 대상을 통해 연구 결과를 도출할 수 없다면 그 대상은 문제가 된다. 연구 대상에서 어떤 결과를 도출할 수 있고, 어떤 결과를 도출할 수 없는지를 명확히 판단해야 한다.

⑤ 최종적으로 연구 대상을 선택한다.

연구 대상을 선택할 때에는 실체가 분명해야 한다. 그리고 그 대상이 확고한 상태를 유지하고 있는지를 판단해야 한다.

2. 연구 주제의 조건은?

연구 주제란 말 그대로 연구의 중심 내용 또는 사상을 말한다. 학술 논문을 쓰려면 반드시 연구 주제를 잡아야 하고, 연구 주제를 중심으로 써야 한다. 어떤 대상에 대해 연구한다고 할 때 대상 전체도 가능하지만, 어떤 부분을 중심으로 연구하고자 하는지가 연구 주제가 된다.

하나의 대상에는 수많은 주제가 존재한다. 그 주제는 어느 부분에 중점을 두고 연구할 것인가에 따라 달라진다. 예를 들어 독도가 연구 대상이라고 가정해보자. 여기에는 독도의 역사를 비롯해 자연환경, 군사 전략적 입지, 수산자원 실태, 섬으로서의 특징, 생태계, 영유권 문제 등이 주제가 된다. 이러한 수많은 주제는 어느 부분에 중점을 두고 연구할 것인가에 따라 주제의 선택이 달라진다.

학술 논문에서도 하나의 연구 대상에는 수많은 주제가 존재한다. 학술 논문의 연구 주제는 학문 분야에 따라 다르다. 인문학과 사회과학, 자연과학 분야의 주제는 동일하지 않다. 학문 분야에 따라 연구 주제가 다른 것은 기본적으로 학문의 연구 대상이 다른 데서 연유한다. 인문학은 인간의 정신적 활동이 대상이 되고, 사회과학은 인간의 사회활동이 대상이 되기 때문이다. 자연과학 또한 인간의 신체나 자연현상이 대상이 된다. 물론 하나의 연구 대상을 가지고서 여러 학문 분야별로 주제를 잡을 수도 있다.

예를 들어 연구 대상이 '시험관 아기'라고 하자. 이때 인문학에서는 시험관 아기의 윤리적 문제를 연구 주제로 잡을 수 있고, 사회과학 분야에서는 시험관 아기의 법률적 문제나 친권자 확보 문제를 연구 주제로 잡을 수 있다. 자연과학 분야에서는 시험관 아기의 의학적 기술 문제를 연구 주제로 잡을 수 있다. 이는 연구 대상이 있다고 했을 때 어느 부분에 중점을 두고 연구 주제를 잡느냐에 따라 인문학이나 사회과학, 자연과학의 연구 주제가 될 수 있다는 사실을 의미한다.

연구 주제는 연구의 핵심이 된다. 어떤 연구 주제를 잡아도 상관이 없지만, 연구 주제가 연구할 가치가 있는지를 판단하는 것은 중요하다. 학술 논문의 주제는 학술적으로 연구할 가치가 있어야 한다. 일반 글과는 달리 학술적으로 접근해 가치 있는 결과를 끌어낼 수 있는지, 그리고 그것이 과연 학술적으로 인정받을 수 있는지를 고려해야 한다. 연구할 가치가 작거나 아예 없다면 주제로 잡아서는 안 된다. 연구할 가치가 있는지의 여부는 기존에 연구된 주제인지, 또는 연구를 하더라도 의미 있는 결과를 도출할 수 있는지를 판단하면 된다. 기존의 연구 주제는 연구를 재탕하는 꼴이 된다. 이는 전혀 연구할 가치가 없다. 그리고 연구할 가치가 있는지는 주제가 새로운 뭔가를 갖고 있는지를 판단하면 된다. 연구는 새롭고 창의적일수록 좋다. 연구 주제 또한 새롭거나 창의적이면 연구할 가치가 충분히 있다고 할 수 있다.

그다음은 참신한 주제여야 한다. 참신한 주제란 새롭고 신선한 주제를 의미한다. 기존에 많이 알려졌거나 일상적으로 쉽게 접할 수 있는 주제가 아니라 새롭게 연구되는 주제를 의미한다고 할 수 있다. 참신한 주제는 연구되지 않은 주제가 되지만 기존의 주제에서 관점이 달라도 가능하다. 예를 들어 기존의 주제가 〈사랑의 심리학적 접근을 위한 고찰〉이라고 한다면 〈사랑의 생물학적 반응 연구〉라는 주제가 참신할 수 있다. 주제의 참신함은 결국 기존의 주제와 다른 주제를 의미한다고 할 수 있다. 어떤 글이든 기존의 주제로 쓰는 것은 재미없다. 아무리 글을 잘 써도 밑져봐야 본전에 불과하다. 아니 본전도 찾지 못한다. 특히 학술 논문은 일반 글과는 달리 주제에 대해 깊이 있게 연구한 결과를 담아낸다. 열심히 연구한 결과가 기존의 것과 별반 다르지 않다면 연구에 투입한 노력은 헛수고가 된다.

또 하나는 주제가 구체적이어야 한다. 주제가 구체적이어야 한다는 것은 주제가 어떤 내용을 담고 있는지를 명확히 해야 한다는 것을 의미한다. 주제가 구체적이지 않으면 어떤 내용을 담아낼지가 분명하지 않아 다른 연구자의 주목을 받을 수 없을 뿐만 아니라 어떤 내용을 담고 있는지도 파악하기 어렵다. 주제가 분명하고 구체적으로 드러나는 것이 글쓰기를 쉽게 할 뿐만 아니라 어떤 내용을 어떻게 도출할지도 파악하게 한다. 그리고 주제가 명료해야 어떤 내용을 어떻게 연구하고, 연구 결과를 어떻게 담아낼 것인지를 정확히 파악할 수 있다. 주제가 구체적이지 않으면 연구 방향을 설정하기도 어렵다. 특히 학술 논문은 일반 글과는 달리 주제에 대해 깊이 있게 접근하고 상당한 숙고의 과정을 거쳐 생산된다는 사실을 잊어서는 안 된다. 예를 들어 〈기생충이 살아가는 방법 알아보기〉와 〈기생충의 생존법칙 연구〉라는 두 가지 주제가 있다고 하자. 첫 번째 주제는 다소 추상성을 띠고, 두 번째 주제는 구체성을 띤다. 첫 번째 주제의 경우 살아가는 방법은 매우 다양하고 포괄적이다. 그러나 두 번째 주제는 명료하다. 생존 전략은 살아가는 방법보다 더욱 구체적이다. 주제가 구체적이면 구체적일수록 연구의 핵심을 정확히 파악할 수 있으며, 어떻게 접근해 어떤 내용을 도출해야 하는지도 분명히 알 수 있다.

3. 연구 주제는 어떻게 잡는가?

연구 대상 찾기가 포괄적인 접근이라면 주제 잡기는 제한적인 접근이 된다. 주제 잡기는 연구 대상에서 어떤 부분의 무엇에 대해 연구할 것인지를 구체적으로 도출하는 과정이다. 주제는 글의 중심 내용 또는 근본적인 서술 의도를 의미한다. 흔히 '무엇에 대해 쓴 글인가?'라고 할 때 '무엇'이 바로 주제가 된다.

연구 주제 잡기는 연구 대상에서 시작된다. 연구 대상이 무엇인가에 따라 연구 주제가 달라진다. 연구 주제 잡기는 크게 두 가지로 나눌 수 있다. 하나는 연구 대상 자체만을 대상으로 잡는 경우이고, 다른 하나는 연구 대상을 중심으로 다른 학문 분야와 연결해서 잡는 방법이다. 기존에는 연구 대상 자체 내에서 잡는 방법이 선호되었다면 최근에는 연구 대상과 다른 학문 분야를 연결해서 잡는 방식이 선호된다. 연구 대상과 다른 학문 분야와 연결해 잡는 방식이 최근 주목받고 있는 학제적 연구 주제를 잡는 방법이 된다. 현재 학제적 연구를 위한 주제 잡기가 하나의 추세라고 하더라도 다른 학문 분야에 대한 지식이나 연구 능력을 갖추고 있어야 한다. 학제적 주제는 다른 학문 분야에 대한 충분한 지식 없이는 사실상 연구 자체가 불가능하다.

연구 주제 잡기는 연구 대상 찾기에서 한 단계 더 파고들어가야 한다. 연구 대상에서 주제는 하나만이 아니라 수십 개를 끄집어낼 수 있다. 예를 들어 '사랑'이라는 연구 대상이 있다고 하자. 여기에는 수많은 주제가 존재한다. 사랑의 심리학적 접근을 위한 고찰이나 동서양의 사랑 방식과 삶의 관계, 사랑과 생리적 현상 분석 등의 주제가 가능하다. 이때에는 연구 대상 자체만으로 주제를 잡을 것인지, 또는 다른 학문 분야와 연결해 주제를 잡을 것인지를 판단해야 한다.

주제 잡기에서 우선적으로 고려해야 할 것은 연구 대상에서 무엇을 연구할 것인가이다. 연구 대상에서 연구할 부분은 다양하고 많다. 이들 가운데 어떤 부분을 연구할 것인지를 고려해야 한다. 그리고 연구할 부분의 핵심이 무엇인지를 파악한다. 그러나 연구할 부분이 고려되었다고 하더라도 연구의 핵심은 다를 수 있다. 그러므로 주제 잡기는 연구 대상에서 연구의 핵심이 무엇인지로 좁혀 들어가는 것이 바람직하다.

그다음에는 연구 범위를 고려해야 한다. 특히 연구 범위는 주제의 폭과 관련된다. 연구 범위를 좁히려면 주제의 폭을 좁혀야 하고, 연구 범위를 넓히려면 주제의 폭을 넓혀야 한다. 주제의 범위는 주제 자체에서 제시될 수 있지만, 주제의 하위 항목인 부주제로도 제시될 수 있다. 물론 주제의 범위는 글의 분량과도 직접적인 연관을 갖는다. 주제의 범위가 넓으면 글의 분량이 많아지고, 주제의 범위가 좁으면 글의 분량이 적어진다. 학술 논문을 몇 쪽 분량으로 쓸 것인가에 따라 주제의 범위가 다르다고 할 수 있다. 예를 들어 20쪽 분량의 글을 쓴다면 주제의 범위는 50쪽 분량의 글보다 더 좁혀져야 한다. 학위 논문과 연구 논문이 주제의 범위가 다른 것도 그런 이유 때문이다.

일반 글쓰기에서 보면 주제는 흔히 가주제와 참주제가 있다. 가주제는 흔히 가짜 주제 또는 포괄적 주제를 의미하고, 참주제는 진짜 주제 또는 제한적 주제를 의미한다. 가주제와 참주제는 상대적이다. 두 개의 주제가 있으면 하나는 가주제가 되고 다른 하나는 참주제가 된다는 의미이다. 예를 들어 '술'과 '포도주'가 있다고 하자. 이때 술은 가주제가 되고, 포도주는 참주제가 된다. 그리고 주제를 좀 더 좁혀 '포도주'와 '포도주 담그는 법'이 있다고 하자. 이때에는 포도주가 가주제가 되고, 포도주 담그는 법이 참주제가 된다. 여기서 보면 글쓰기를 수월하게 할 수 있는 것은 바로 참주제이다. 그런데 모든 글이 무조건 참주제만으로 쓰는 것은 아니다. 글의 분량을 많이 쓰려면 주제의 범위를 넓게 잡고, 글의 분량을 적게 쓰려면 주제의 범위를 좁게 잡아야 한다. 예를 들어 1쪽 분량의 글을 쓴다고 할 때 술에 대해 주제를 잡는다면 1쪽 분량으로는 모두 담아낼 수 없다. 그러나 '포도주 담그는 법'은 1쪽 분량의 주제로 알맞다고 할 수 있다.

주제의 범위가 결정되면 그다음에는 연구 주제를 구체적으로 도출한다. 예를 들어 연구 대상이 휴대폰이라면 연구할 부분은 휴대폰의 기능이 될 수 있다. 이때 휴대폰의 작동 원리가 연구의 핵심이 될 수 있다. 그다음으로는 휴대폰의 작동원리와 인체공학적 연관성 또는 휴대폰의 작동원리와 인간의 사고체계 등으로 주제를 도출할 수 있다. 결국 주제 잡기는 연구 대상이 정해지면 연구 대상에서 연구할 부분의 핵심을 도출한 다음 연구 범위를 고려해 최종적으로 정하는 것이 바람직하다. 한마디로 말해 연구 주제는 우선 연구 대상을 중심으로 포괄적으로 접근하고, 그다음에 제한적으로 접근하는 것이 이상적이다. 주제가 포괄적이면 내용을 핵심적으로 도출하기가 어려우며 내용을 효과적으로 담아내기도 어렵다. 그러나 주제가 제한적이면 제한적일수록 연구의 핵심 내용을 도출하기 용이하고 글쓰기도 쉬워진다.

〈연구 주제의 도출 과정〉

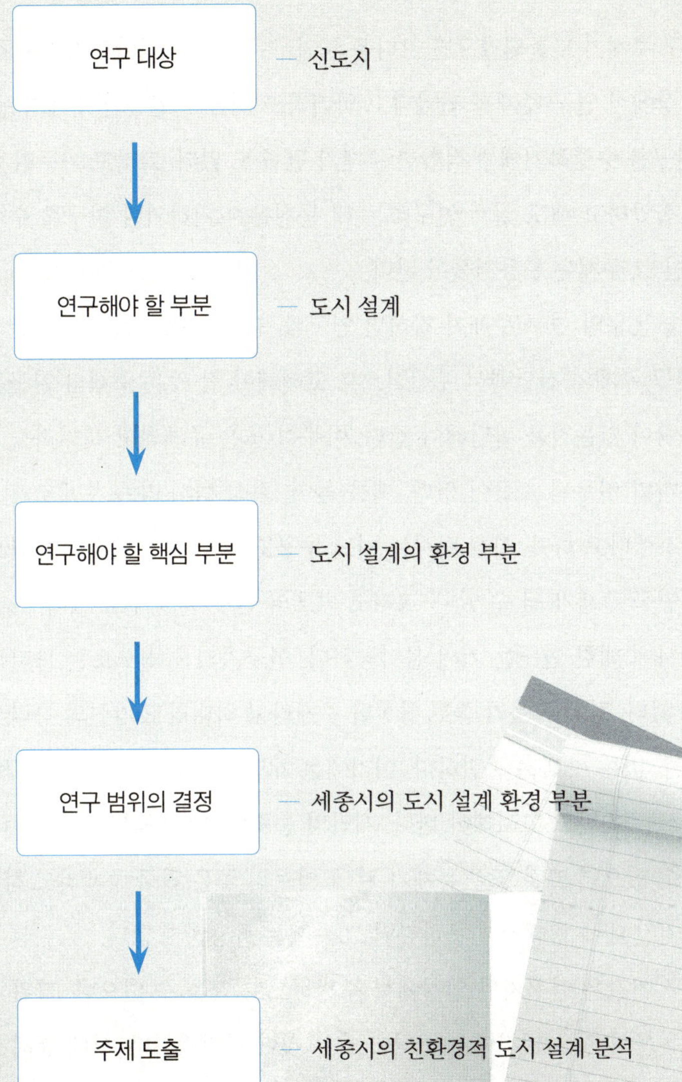

연구 대상
신도시
연구해야 할 부분
도시 설계
연구해야 할 핵심 부분
도시 설계의 환경 부분
연구 범위의 결정
세종시의 도시 설계 환경 부분
주제 도출
세종시의 친환경적 도시 설계 분석

4. 연구 주제의 진단은?

연구 주제가 도출되었으면 그다음은 연구 주제로서 적합한지 판단한다. 연구 대상에서 연구 주제를 잡았다고 하더라도 기존에 연구된 주제가 될 수 있고, 연구를 수행하기에 부적합한 주제가 될 수도 있다. 그리고 아무리 좋은 주제를 잡았다고 해도 실제 연구하는 데 문제를 야기하거나 연구를 수행할 수 없다면 그 주제는 무용지물이 된다.

학술 논문의 연구 주제가 잡히면 연구를 수행할 수 있는지를 진단해야 한다. 연구 주제의 진단에서 우선적으로 고려해야 할 것은 주제의 연구를 감당할 능력이 있는지를 판단해야 한다. 아무리 좋은 주제라고 하더라도 감당할 수 없다면 아무런 소용이 없다. 예를 들어 '화성 탐사'라는 주제로 연구하기로 결정했다고 하자. 화성 탐사는 어느 누구도 연구하지 않았으며, 앞으로 언젠가 연구 주제가 될 수 있다. 그리고 최초의 연구가 될 수도 있다. 그러나 화성 탐사에 대한 연구는 거의 불가능하다. 연구자의 능력으로는 도저히 해결할 수 없다. 결국 아무리 좋고 참신한 주제라고 하더라도 자신의 능력으로 감당할 수 없는 주제는 곤란하다. 여기에는 개인의 글쓰기 능력도 요구되지만 글을 쓰는 기간도 고려해야 한다. 개인의 능력이 뛰어나더라도 기간 내에 해결할 수 없으면 그것 또한 문제가 된다. 아무리 좋은 연구 주제라고 하더라도 연구 기간 내에 행해지지 못한다면 그 주제는 유용하지 않다.

연구 기간은 연구자의 입장에서 주관적으로 잡을 수 있으나, 학위 논문이나 소논문의 경우 기간이 제한되어 있는 것이 일반적이다. 이때 정해진 기간 내에 학술 논문을 생산할 수 있는지를 판단해야 한다. 그리고 연구 여건도 고려해야 한다. 연구 여건이 고려되지 않으면 연구 기간 내에 연구 결과를 생산하기 어려울 뿐만 아니라 연구 자체가 제대로 수행되지 못하는 경우가 발생한다. 그러다 보면 연구를 추진하더라도 연구 기간 내에 완성된 연구 논문을 생산할 수 없게 된다.

또 하나는 주제가 객관적인 기준이 적용될 수 있는지를 판단해야 한다. 주제가 설정된 다음에는 객관적인 기준을 적용해 연구를 진행할 수 있을지를 판단해야 한다. 인문학의 경우 주관적인 기준이 적용되지만, 사회과학이나 자연과학은 객관적인 기준을 적용할 수 있는지 여부가 중요한 요소로 고려된다.

예를 들어 '고등학교 사회탐구 교재의 탐구학습 내용 분석'이라는 주제를 잡았다고 하자. 이때에는 고등학교 탐구학습 내용을 어떻게 구분할 것인지를 고려해야 한다. 막연히 탐구 내용을 담고 있는 학습을 탐구학습이라고 단정할 수 있는지, 또는 어떤 기준이 적용될 수 있는지를 판단해야 한다. 탐구학습에 대한 정의를 분명히 해야 하고, 탐구학습에 대한 정의가 분명하지 않으면 학술 논문 쓰기를 하기 어렵다. 또 하나는 교과서에 실린 내용이 탐구학습이라고 단정하기 어려운 부분도 있다. 일부 내용은 탐구학습과 유사한 내용을 담고 있을 경우 어떻게 접근할 것인지도 고려해야 한다. 일반 글의 주제는 객관적 기준보다 주관적 기준을 적용해도 되지만, 학술 논문은 그렇지 않다. 학술 논문은 학문적으로 수용할 수 있는 객관적 기준이 어느 정도 인정되어야 한다는 사실을 명심해야 한다.

또 하나는 연구 주제에 대해 관심이 있는지의 여부이다. 주제에 대해 관심이 있는 것과 관심이 없는 것은 천양지차이다. 주제에 대해 관심이 있으면 연구가 재미있고 흥미로울 수 있으며, 즐겁게 수행할 수 있다. 연구를 즐겁게 수행한다는 것은 결과 또한 만족스러울 확률이 높다. 평소 관심이 있고, 하고 싶은 일을 하면 능률은 배가되고 그에 따른 결과도 만족스럽다. 연구 주제에 관심이 있는지, 없는지에 따라 연구 결과도 달라진다.

마지막으로 다른 사람의 관심과 주목을 끌 수 있는가이다. 연구 결과는 개인의 것이지만, 개인의 소유물에 머무르지 않고 다른 사람에게 읽히거나 관심의 대상이 된다. 다른 사람이 관심을 가질 수 있는지, 또는 주목을 받을 수 있는지를 판단하는 것이 좋다. 연구 결과물은 혼자만의 것이 아니라 다른 사람과의 공유물이다. 모든 연구 결과물은 학문의 발전에 기여하고 다른 사람들이 관심을 가지는 주제일수록 많이 접하게 되고 읽게 된다. 관심을 가지고 있다는 것은 주목을 받을 수 있다는 것과 일맥상통한다. 또한 다른 사람이 비슷한 주제로 연구할 때 참고가 될 뿐만 아니라 연구 주제에 새롭게 접근할 실마리도 제공한다. 결국 관심을 가질 수 있는 주제는 여러모로 도움을 주게 된다고 할 수 있다.

〈주제 설정의 진단〉

가. 연구 능력과 연구 기간을 감당할 수 있어야 한다.
나. 객관적 기준이 적용되어야 한다.
다. 관심이 있어야 한다.
라. 독자의 관심과 주목을 끌 수 있어야 한다.

주제 잡기의 발상 방법에는 여러 가지가 있다. 일반적으로 쉽게 할 수 있는 자유연상법과 마인드맵, 브레인스토밍 등이 있다. 또한 체크리스트법도 있다. 자유연상법은 말 그대로 자유롭게 연상하면서 주제를 도출하는 방법이다. 마인드맵은 생각의 지도이다. 하나의 대상에 대해 생각나는 대로 그림 지도를 만드는 방법이다. 브레인스토밍은 5~6명의 팀을 조직해 한 사람의 주도로 자유롭게 생각나는 것을 도출하는 방법이다. 이들 방법 중에서 개인이 비교적 효과적으로 활용할 수 있는 방법은 마인드맵이다. 마인드맵은 글의 주제 잡기에도 유용하지만 일상에서 아이디어를 끄집어낼 때 활용해도 많은 도움이 된다.

〈'미디어'를 중심으로 마인드맵을 통한 주제 잡기〉

⇒ 마인드맵에서 신문기사와 의사소통을 연결하면 '신문기사의 의사소통 구조'라는 주제를 잡을 수 있다. 이는 신문방송학 또는 수사학에서 다룰 수 있는 주제가 된다.

또 하나는 신문기사와 수사학, 설득을 연결하면 '신문기사의 수사학적 설득 구조'라는 연구 주제를 잡을 수 있다. 이는 학제적 주제가 된다. 이 주제를 연구하기 위해서는 신문기사에 대한 지식은 물론 수사학에 대한 지식도 함께 지니고 있어야 한다.

✚ 연구 주제의 사례 분석

계급과 계층에 따른 다문화에 대한 인식 차이 연구

주제를 잡은 이유

우리나라는 다문화사회에 접어들고 있다. 그러나 아직 다문화에 대한 인식이 좋다고는 할 수 없다. 다문화에 대한 인식은 계급과 계층에 따라 큰 차이점이 있다고 예상할 수 있다. 그 차이점이 어떤 부분에서 나타나고 있으며, 그 차이점을 해소하려면 어떻게 해야 하는지에 대한 해결책을 제시하고 싶었다.

진단

다문화에 대한 관심이 날로 증가하고 있는 현실에서 주제가 참신하다고 할 수 있다. 그러나 계급과 계층에 따른다는 것이 명료한 연구를 도출하는 데 걸림돌이 되고 있다. 우리 사회에서 계급이 현실적으로 존재하지 않을 뿐만 아니라 계층의 구분 또는 어떤 기준점을 두고 할 것인지가 명료하게 제시되어야 한다. '계급과 계층에 따른'이라는 표현이 주제에 대한 관심을 유발할 수 있으나 현실적으로 접근하기 어렵다.

해결책

주제는 〈소득 수준에 따른 다문화에 대한 인식 연구〉로 잡는 것이 구체적이고 명료한 접근이 될 수 있다. 이때에는 소득 수준을 어떻게 설정해 접근할 것인가도 고민해야 한다. 예를 들어 연소득 1억 원과 5천만 원, 2천만 원 선으로 할 것인지 아니면 연소득 1억 원과 3천만 원으로 할 것인지에 대해 결정해야 한다. 소득 수준을 세분화하면 논문의 내용 충실도가 높아질 수 있으나 지나치게 세분화하면 소득 수준의 차이에 따른 다문화 인식의 차이점을 도출하기 어려울 수 있다. 현실 텍스트를 잘 분석하여 접근할 필요가 있다.

노인교육 프로그램 담당 강사의 역량에 관한 연구

주제를 잡은 이유

최근 노인교육 프로그램이 증가하고 있다. 노인교육 프로그램을 담당하는 강사는 나이가 들면 자신의 역량을 더욱 발휘할 수 있고, 수강생들의 교육에 대한 만족도 또한 높을 것으로 예상하고 있다. 여기에서는 강사의 경륜이나 연륜이 적지 않게 작용할 것이라고 판단한다. 그래서 일반 교육 프로그램을 담당하는 젊은 강사들과 역량에서 어떤 차이점이 있는지를 연구하고자 하였다.

진단

주제는 명료하게 제시되고 있다. 그런데 이 주제는 노인교육 프로그램을 담당하는 강사의 역량을 측정하기 위해 일반 교육 프로그램을 담당하는 강사의 역량과 비교해 내용을 도출하고자 하는 의도였다. 그러나 논문의 주제를 잡을 때에는 객관적인 기준을 적용해야 한다. 노인교육 프로그램을 담당하는 강사는 다양하다. 젊은 강사도 있고 나이든 강사도 있다. 강사의 역량을 어떤 기준으로 삼을 것인지, 그리고 연령에 따른 역량의 차이도 발생한다. 또한 젊은 강사와 나이든 강사를 어떻게 구분 하고 정의할 것인지를 고민해야 한다. 강사의 역량 또한 어떤 것을 의미하는지 분명해야 한다.

해결 방안

현재의 주제를 그대로 갖고 갈 수 있다. 이때에는 노인교육 프로그램을 담당하는 강사들의 연령대를 구분해 연령대별로 강사의 역량이 어떻게 발휘되는지를 조사해 연구하면 된다. 연령대는 60대와 50대, 40대, 30대로 하든지 아니면 60대와 40대, 20대로 하든지 객관적인 기준을 적용해야 한다. 연령대를 세분화하면 논문의 분량이 늘어날 수 있고 내용 또한 깊이 있게 전개할 수 있다. 연령대를 어떻게 잡아 연구하느냐에 따라 내용의 깊이가 다를 수 있다.

숲속의 소리가 치유에 어떤 영향을 주는가?

주제를 잡은 이유

현재 치유에 대한 연구가 많이 이뤄지고 있다. 숲속의 소리가 인간의 정신을 치유하는 데 도움을 줄 수 있다고 판단하였다. 좀 더 확장해서 도시생활과 시골생활에서의 숲속 소리가 주는 치유 효과가 다를 것인가에 대해서도 알고 싶었다.

진단

현재의 주제는 명료함이 결여되어 있다. 학술 논문의 주제는 학술적인 표현이어야 한다. '숲속의 소리'가 어떤 소리를 의미하는지 명료하지 않다. 숲속의 소리란 바람소리도 있고, 새소리도 있고, 물소리도 있을 수 있다. 그리고 동물의 소리도 있을 수 있다. 어떤 소리를 '숲속의 소리'로 정의할지를 우선적으로 고려해야 한다.

또한 치유가 무엇을 의미하는지를 분명히 해야 한다. 치유라는 표현은 포괄적으로 사용될 수 있다. 예를 들면 정신적 치유인지, 신체적 치유인지, 심리적 치유인지를 분명히 할 필요가 있다. 그리고 치유의 효과를 어떻게 도출할 것인지에 대한 부분도 고려해야 한다.

해결 방안

우선 주제를 학술적인 표현으로 수정할 필요가 있다. 예를 들면 〈자연의 소리가 정신적 치유에 미치는 영향에 관한 연구〉가 될 수 있다. 자연의 소리를 어떻게 정의할 것인지, 그리고 자연의 소리 유형에 어떤 소리를 포함시킬 것인지에 대한 정확한 분석이 요구된다.

탈북자의 남한 생활 적응 실태조사

주제를 잡은 이유

현재 남한에서 생활하는 탈북자들이 점차 늘어나고 있다. 탈북자들은 아무래도 자본주의 사회인 남한에서의 생활에 적응하기가 쉽지 않을 것으로 예상된다. 특히 사회체제가 달라 기존의 가치관이나 생활방식, 문화적 습관에서 오는 괴리감은 물론 사회적 소외감도 적지 않을 것이다. 탈북자들이 남한 생활에 얼마나 잘 적응하고 있으며, 적응하지 못하는 경우 어떤 문제에 기인하는지, 그리고 그 대책은 무엇인지에 대해 논해보고자 했다.

문제점

현재의 주제는 기존에 많이 연구된 주제일 수 있고, 연구가 아닌 사회적 통계 데이터로 확인된 부분도 있다. 주제 또한 평범할 수 있으며, 연구를 하더라도 광범위할 수 있다. 연구 대상의 범위를 어떻게 해야 할지, 어떤 유형의 탈북자를 대상으로 해야 하는지의 문제가 있다. 한마디로 주제가 포괄적이고 광범위하다고 할 수 있다.

해결 방안

주제의 참신성을 높이려면 부제로 연령대를 중심으로 비교하는 방법이 하나 있다. 연령대별로 연구할 때 어떻게 설정할 것인가도 고려해야 한다. 이때는 기존에 연구된 논문이 있는지, 연구 결과가 있는지 확인하고 연구 결과가 있다면 연구할 가치가 낮다고 할 수 있다. 이 경우에는 탈북자에 대해 다른 관점에서 주제를 잡아보는 것도 좋은 주제가 될 수 있다.

4장

원자료의 생산

1. 원자료란 무엇인가?

연구 대상 찾기에서 주제가 잡히면 그 주제의 기본 자료가 되는 것이 원자료이다. 원자료는 학술 논문 쓰기에서 가장 원초적이면서 기본적인 자료를 의미한다. 원자료는 흔히 연구의 로 데이터(raw data)를 말하며, 연구의 기초가 된다. 어떤 연구든 간에 원자료는 반드시 존재하고, 원자료가 얼마나 가치있고 의미가 있느냐에 따라 연구의 질이 다르다.

원자료는 학문 분야에 따라, 그리고 연구 주제에 따라 다르다. 인문학 분야의 원자료는 연구의 바탕이 되는 기존의 문헌 또는 작품이 해당된다. 이들 원자료는 사전에 존재하는 경우가 대부분이며, 인문학 분야의 연구는 그 원자료를 토대로 연구가 이뤄지는 것이 일반적이다. 예를 들어 문학 연구를 한다면 그것의 원자료는 연구 대상이 되는 문학작품이다. 문학작품은 작가에 의해 생산된 자료이며, 연구자가 문학작품을 대상으로 연구하면 그 문학작품이 원자료가 된다. 예술 분야의 연구도 마찬가지이다. 예술 분야에서 미술작품에 대한 연구를 한다고 할 때 그 미술작품이 원자료가 된다.

원자료는 다양하게 존재한다. 문학이나 예술 분야에서는 작가에 의해 생산된 작품이 원자료가 되지만, 하나의 현상이나 사건 또한 원자료가 된다. 특히 사회과학 분야에서 많이 이뤄지는 정치 현상이나 사회 현상도 연구의 원자료가 된다.

원자료는 흔히 연구의 기본 텍스트로도 통칭된다. 연구의 기본 텍스트는 유형일 수도 있고 무형일 수도 있다. 유형의 텍스트는 눈으로 확인할 수 있는 텍스트를 말하며, 무형의 텍스트는 눈에 보이지 않는 텍스트를 의미한다. 이들 텍스트는 우리 주변에 수없이 존재하며, 연구의 대상을 어떻게 잡느냐에 따라 유형의 텍스트가 되거나 무형의 텍스트가 된다. 유형의 텍스트는 흔히 실체적 텍스트이며, 무형의 텍스트는 비실체적 텍스트가 된다. 그러나 모든 연구가 기존에 존재하는 원자료 내지는 대상이 아니라 새롭게 만들어지는 원자료도 있다. 이들 원자료는 연구의 목적이나 연구의 방법에 의한 차이에서 빚어질 수 있지만, 일상의 현상에서 일어날 가능성을 염두에 두고 연구할 때 활용된다.

학술 연구는 기존에 존재하는 대상이나 현상을 대상으로 삼기도 하지만, 기존에 존재하지 않는 것도 대상이 될 수 있다. 그리고 인간의 사고나 생각을 구체화해 연구하는 일도 적지 않게 행해진다. 어쨌든 원자료는 연구 대상을 어떻게 잡느냐에 따라 기존의 것이 되거나 새롭게 만들어낸 것이 된다. 그러나 원자료가 연구할 가치가 있는지, 그리고 연구 대상으로 적합한지를 판단하는 것이 중요하다. 원자료가 엉터리이거나 문제가 된다면 그 연구는 제대로 된 연구가 될 수 없고 연구의 가치성도 상실하게 된다.

2. 원자료는 어떻게 생산하는가?

원자료는 연구의 핵심이자 중심이 된다. 원자료의 생산에는 직접 생산과 간접 생산이 있다. 직접 생산은 연구자가 직접 원자료를 생산하는 방법이고, 간접 생산은 연구자가 직접 생산하는 것이 아니라 기존의 자료를 원자료로 활용하는 경우이다. 두 방법은 어떤 학문 분야를 연구하느냐와 어떤 주제로 연구하느냐에 따라 달라진다. 원자료의 직접 생산은 자연과학 분야나 사회과학 분야에서 많이 행해지고 있으며, 원자료의 간접 생산은 인문학 분야나 사회과학 분야에서 많이 이뤄진다. 그러나 어떤 학문 분야이든 간에 연구 주제가 무엇인가에 따라 원자료를 직접 생산하거나 간접 생산하게 된다.

1) 간접 생산

원자료의 간접 생산은 연구자가 직접 원자료를 생산하는 것이 아니라 기존에 생산된 자료를 연구자의 연구에 맞게 재생산하는 방법이다. 원자료의 간접 생산은 인문학과 사회과학 분야에서 적지 않게 행해지는 문헌조사가 대표적이다. 문헌조사는 연구자가 원자료를 직접 생산하는 것이 아니라 기존의 문헌을 통해 원자료를 생산하는 방식이다. 예를 들면 2010년도와 2012년도의 패션 경향을 분석하는 연구를 한다고 할 때 연구자가 직접 원자료를 생산할 수 없다. 기존의 원자료를 토대로 간접적으로 활용해야 한다. 이때에는 2010년도와 2012년도의 패션 경향을 제시하는 신문이나 잡지기사 자료를 비롯해 당시 패션업계의 실태적인 자료가 동시에 요구된다. 이때 연구자는 기존에 생산된 자료를 중심으로 연구를 진행해야 한다. 또한 의학 분야에서 많이 이뤄지는 후향적 연구의 원자료 생산은 간접 생산에 해당된다.

문헌조사의 특징은 다른 원자료의 생산 방법과는 달리 원자료의 생산이 비교적 수월하다는 점이다. 문헌조사는 연구자가 직접 생산하는 것이 아니라 기존의 문헌을 이용하다 보니 직접 생산에서 요구되는 시간이나 비용이 적게 든다. 그리고 생산 과정에서 겪게 되는 난점 또한 상대적으로 낮다는 점이다.

그러나 문헌조사 또한 철저한 계획 하에 이뤄지는 것이 바람직하다. 문헌조사를 할 때에는 우선 연구 목적을 분명히 하고 접근해야 한다. 왜 연구를 하게 되었는지, 그리고 어떤 기존의 자료가 필요한지를 정확히 파악해야 한다. 그리고 연구 목적에 적합한 자료가 무엇인지를 정확히 인식해야 한다.

원자료의 간접 생산에서는 연구자가 직접 원자료를 생산하지 않으므로 연구자의 연구에 적합한 원자료를 찾기가 어려울 수 있다. 그리고 연구 목적에 적합한 자료를 찾는다면 연구는 나름대로 수월하게 진행된다. 그러나 적합한 자료를 찾지 못하면 연구 진행을 포기해야 하는 일도 벌어진다. 문헌조사를 시작할 때에는 연구 목적에 부합하는 자료가 무엇인지를 정확히 인식하고 접근해야 한다.

그리고 진행 과정에서 중요한 것은 문헌을 신뢰할 수 있는가 하는 점이다. 연구 목적에 부합한 문헌을 찾았다고 하더라도 그 문헌이 신뢰할 수 없는 것이라면 원자료가 될 수 없다. 신뢰할 수 있는 자료인지의 파악은 자료 생산기관을 신뢰할 수 있는지를 확인하는 것이 한 가지 방법이다. 자료 생산기관이 믿을 만하다면 그 자료는 어느 정도 신뢰할 수 있는 자료가 된다고 할 수 있다. 예를 들어 정부기관이나 언론사, 지방자치단체 등의 기관에서 생산된 자료는 충분히 신뢰할 수 있다고 할 수 있다.

그리고 정확한 자료인지도 파악해야 한다. 자료의 내용이 정확하지 않으면 그 자료 또한 쓸모없다. 자료의 내용이 정확한지는 관련 문헌을 찾아서 비교해 보는 것도 한 가지 방법이다. 두 자료를 비교해서 어느 부분이 상이하고, 상이하다면 그 이유가 무엇인지도 검토해 보는 것이 바람직하다.

2) 직접 생산

원자료의 직접 생산은 사회과학과 자연과학 분야의 학술 논문 쓰기에서 많이 이뤄진다. 사회과학 분야에서 종종 행해지는 설문조사나 현장조사, 자연과학 분야에서 행해지는 실험이나 관찰 등이 해당된다. 원자료의 직접 생산은 연구자가 직접 수행해야 하며, 원자료의 생산 기간이나 범위, 방법도 연구자가 정해야 한다. 원자료의 직접 생산은 특히 연구자가 어떤 대상을 어떻게 연구할 것인지를 고려해 시작해야 하고, 생산은 철저하고 체계적으로 수행해야 한다. 원자료를 생산하려면 무턱대고 하기보다 어떤 방식을 통해 어떻게 생산해야 할지를 간파하고 진행해야 한다. 여기에는 연구 방법을 어떻게 할 것인지를 우선적으로 고려한 상태에서 원자료를 생산할 필요가 있다.

① 설문조사

설문조사는 사회과학 분야에서 많이 활용하는 원자료의 생산 방법이다. 설문조사는 어떤 사실이나 상황에 대한 실태적인 분석을 하고자 할 때 주로 실시된다. 특히 설문조사는 어떤 사실에 대한 실태나 현황이 어떠한지를 알아보고, 그것에 대한 인식을 통한 결과를 도출하고자 실시하는 것이 일반적이다.

설문조사 방식에는 여러 가지가 있다. 우선 설문조사는 정량적 조사와 정성적 조사로 구분된다. 정량적 조사는 수치적으로 데이터를 생산하는 설문조사를 말하고, 정성적 조사는 수치화되지 않는 데이터를 생산하는 조사를 의미한다. 정량적 설문조사에는 전화조사나 서면조사, 우편조사, 인터넷조사 등이 있고, 정성적 설문조사에는 심층면접이나 인터뷰 등이 있다.

설문조사를 하려면 우선 설문의 목적을 분명히 정하고 설문의 내용과 설문 대상의 범위, 방법, 기간을 정확히 결정해야 한다. 설문조사 방법의 선택은 어떤 목적으로 연구할 것인가에 따라 달리해야 한다. 단순히 실태적인 분석과 인식에 대해 연구하고자 할 때에는 정량적 설문조사를 선택하면 된다. 그러나 심층적인 의견을 도출하고자 할 때에는 정성적 설문조사 방식을 취해야 한다. 설문조사는 방법에 따라 결과가 다르게 나타날 수 있고, 어떤 설문항목으로 조사하느냐에 따라 결과가 달라질 수도 있다.

또한 설문조사를 하려면 조사 대상자와 범위, 방법을 명확히 하고 접근해야 한다. 우선 조사 대상자를 누구로 할 것인지를 정해야 한다. 조사 대상자는 연구 주제에 어느 정도 암시되어 있다고 할 수 있다. 그러나 조사 대상자를 명확히 하여 접근할 필요가 있다. 조사 대상자는 주제의 범위에 따라 다를 수 있지만, 대개 큰 단위로 접근한다. 예를 들어 남성인가 여성인가, 노년층인가 장년층인가 젊은 층인가 등이다. 또는 10대인가, 20대인가, 30대인가, 40대인가 아니면 20대와 40대를 대상으로 할 것인가 등이다. 조사 대상자는 이미 연구하고자 하는 대상이라는 사실을 염두에 두면 어렵지 않게 접근할 수 있다. 설문조사의 대상자 결정은 어떤 결과를 도출할 것인가를 고려해야 한다. 단순히 한 연령대를 중심으로 실태 파악을 하고자 할 때에는 20대만을 대상으로 하면 되지만, 두 연령대의 실태를 비교 분석하거나 거기서 학술적 주장을 하고자 할 때에는 20대와 40대를 대상으로 해야 한다. 20대만을 대상으로 했을 때에는 단순 전개 내지는 단순한 학술적 접근이 되지만, 20대와 40대를 대상으로 했을 때에는 복합적 전개 내지는 깊이 있는 학술적 접근이 된다. 그리고 20대와 40대를 대상으로 했을 때에는 글의 분량 또한 쉽게 채울 수 있다.

조사 대상자가 정해지면 그다음으로 진행해야 할 사항은 조사 대상자의 범위를 결정하는 일이다. 설문조사는 모든 대상자를 상대로 할 수 없다. 전체 대상자를 상대로 설문을 실시한다는 것은 물리적으로 불가능하다. 만약 설문 대상자가 20대라면 대학생을 할 것인가, 직장인을 할 것인가, 미취업자를 할 것인가 등을 고려해야 한다. 이때에는 어느 대상자를 중심으로 했을 때 연구 목적에 부합한지를 염두에 두어야 한다.

설문 대상자의 범위가 정해진 다음에는 표본을 어떻게 추출할 것인가를 결정한다. 표본은 설문조사를 직접 수행하는 대상자의 샘플을 의미하며, 전체 대상자를 적절히 대변해 줄 수 있어야 한다. 표본수가 많으면 많을수록 오차의 범위가 좁혀지지만, 학술 논문에서 사용하는 표본은 200~500명 선이면 적절하다고 할 수 있다. 물론 일부에서는 100개의 표본으로도 연구할 수 있다. 표본 수의 결정은 연구에 적합한 표본이 되는지, 연구 기간 내에 설문을 충분히 할 수 있는지, 비용적인 부분에 부담이 없는지를 고려해 결정하면 무난하다고 할 수 있다.

표본추출 방법은 다양하다. 표본추출 방법은 확률 표본추출 방법과 비확률 표본추출 방법이 있다. 확률을 적용해 표본을 추출하는 확률 표본추출 방법으로는 단순 무작위 표본추출하기와 체계적 표본추출하기, 층화 표본추출하기 등이 있다. 확률이 적용되지 않는 비확률 표본추출법에는 판단 표본추출하기와 편의 표본추출하기, 할당 표본추출하기 등이 있다. 이들 방법에서 연구에 가장 적합한 표본추출 방법을 적용하는 것이 중요하다. 표본이 정해지면 그다음으로 진행해야 할 사항은 설문지 만들기이다. 설문지는 연구 데이터를 끄집어내는 데 핵심적인 역할을 하고, 설문지를 어떻게 만드느냐에 따라 연구의 결과가 다르게 나타날 수 있다.

설문지는 기본적으로 도입부와 본문, 마무리 순으로 구성된다. 마무리 부분에서는 설문 응답자의 인적 사항을 담는 것이 일반적이다. 설문조사는 항목을 어떻게 설정하느냐가 중요하다. 설문 항목은 질문 항목과 응답 항목으로 나뉜다. 설문지는 설문조사의 목적을 분명히 하고 설문 항목이 적절한지, 그리고 주제를 잘 도출할 수 있는 몇 개의 범주로 나눠 세부 항목으로 만드는 것이 이상적이다. 설문 항목을 무작위로 나열하기보다 연구 주제를 잘 드러내기 위해서 어떤 범주가 필요하고, 그 범주에 어떤 세부적인 내용이 요구되는지를 파악해야 한다. 그리고 설문은 객관적인 기준이 적용되어야 한다. 설문의 질문이 의도적이거나 응답 항목이 한쪽으로 치우쳐 있으면 곤란하다. 설문 항목은 응답 내용을 객관적으로 도출할 수 있도록 해야 하며, 질문 항목은 반드시 명료하고 간결하게 해야 한다.

또한 질문 항목에서는 하나의 질문만을 하도록 해야 하며, 쉬운 표현으로 구성해야 한다. 설문 항목은 자의적으로 하기보다 기존의 유사한 설문조사가 있다면 그것을 응용하거나 전문가의 도움을 받아 구성하는 것이 이상적이다. 설문조사에서 핵심적인 것은 설문을 어떻게 구성하느냐 하는 점이다. 설문 구성에 문제가 있으면 생산된 데이터 또한 문제가 된다. 설문조사는 실제로 하기에는 많은 번거로움이 있다. 설문지를 제대로 만든 상태에서 시행하는 것이 이상적이라는 사실을 염두에 두어야 한다.

〈설문조사 진행 순서〉

① 연구 대상을 결정한다.
② 설문의 방법을 선택한다.
③ 연구 대상의 범위를 정한다.
④ 표본추출 방법을 정한다.
⑤ 설문을 구성한다.
⑥ 설문조사를 실시한다.

〈설문지의 구성〉

가. 도입부
- 설문의 도입 부분
- 설문의 주제와 목적, 활용, 설문 조사자에 대해 기술함

나. 본론부
- 설문의 실제 내용 부분
- 원자료 수집에 필요한 내용을 중심으로 기술함

다. 결론부
- 설문의 마무리 부분
- 인구 통계학적 내용을 기술함(성별, 나이, 수입, 학력 등)

② 실험

실험은 자연과학 분야에서 보편적으로 행해지는 원자료의 생산 방법이다. 자연과학 분야에서는 대상의 실체를 밝히거나 대상이 어떠한 구성성분을 지니고 있는지, 그리고 대상의 구성성분이 어떠한 변화를 나타내는지를 밝히는 일이 많다. 특히 자연과학 분야에서는 하나의 대상에 대한 검증방식을 통해 학문적인 연구가 많이 이뤄지고, 그 방법이 바로 실험이다. 실험은 실험 대상이 어떤 속성을 가지고 있는지를 밝히는 데 목적이 있으며, 독립변수와 종속변수로 나눠져 행해진다. 독립변수는 설명하는 변수이고, 종속변수는 설명이 되는 변수이다. 독립변수는 실험적으로 조작되거나 통제되는 변수를 말하며, 종속변수는 독립변수의 영향을 받아 움직이는 변수를 의미한다. 결국 실험은 독립변수를 조작하고 통제해 종속변수가 어떤 변화를 가져오는지를 확인하는 방법이라고 할 수 있다.

실험에는 실험실 실험과 현장 실험이 있다. 실험실 실험은 실험실이라는 인위적인 공간을 만들어 실험하는 방법이고, 현장 실험은 실제 현장에서 행해지는 실험이다. 실험실 실험은 실험을 수행하기가 편리할 뿐만 아니라 실험 과정에서 문제가 발생하더라도 반복적으로 할 수 있다. 또한 실험 과정에서의 통제가 확고할 뿐만 아니라 비용이나 시간도 절약되는 이점이 있다. 현장 실험은 현장의 생생한 부분을 관찰할 수 있으나, 실험실 실험의 장점이 모두 배제된다고 할 수 있다. 두 실험의 선택은 어떤 목적으로 적합한 자료를 효율적으로 생산하느냐에 따라 결정된다고 할 수 있다.

실험을 하려면 우선 철저한 계획을 세워야 한다. 실험 방법에서부터 실험 과정, 실험 기간의 활용에 대해 충분히 숙지해야 한다. 특히 어떤 대상을 실험할 것인가부터 어떻게 실험할 것인가, 그리고 실험 후에 어떻게 할 것인가에 대한 세부적이고 구체적인 계획을 세우고 진행해야 한다. 실험에 대한 두려움이 있는 경우 수행하고자 하는 실험과 관련된 교본이나 참고자료를 통해 실험에 대한 전반적인 내용과 진행 과정을 어느 정도 파악하고 수행하는 것도 한 가지 방법이다.

또 하나는 실험을 진행하면서 실험노트 내지 실험일지를 반드시 작성해야 한다. 실험노트나 실험일지는 실험이 어떻게 진행되었고, 그 과정에서 어떠한 문제가 발생했는지를 상세히 기록하는 역할을 한다. 실험은 실험 결과만을 도출하는 데 목적이 있는 것이 아니라 실험 과정에서 어떠한 문제가 발생했는지도 매우 중요하다. 그리고 이들 내용은 실제 학술 논문 쓰기에서 그대로 기록되어야 한다. 어떻게 보면 실험노트와 실험일지는 학술 논문 쓰기를 위한 기초 작업이 된다고 할 수 있다. 실험노트는 일정한 양식에 따라 일시, 내용, 과정, 결과 등을 담아내는 것이 바람직하다.

실험의 일반적인 과정은 다음과 같다.

① 어떤 실험을 어떻게 할 것인지를 파악한다.

실험실 실험을 할 것인가 또는 현장 실험을 할 것인가를 판단한다.

② 외부변수의 통제방법을 모색한다.

실험 과정에서 외부변수가 발생할 수 있다. 외부변수를 어떻게 통제할지를 궁리해야 한다.

③ 모집단을 선정한다.

실험은 대상을 축소해야 한다. 실험에 꼭 필요한 대상만을 선택한다.

④ 측정도구를 선정한다.

측정도구는 실험을 통한 자료 생산에 중요한 역할을 한다. 실험에 가장 합당한 측정도구를 사용해야 한다.

⑤ 실험을 실시한다.

실험에서는 실험자의 주관이나 감정이 개입되어서는 안 된다. 그리고 실험에서 발생하는 모든 내용을 정확하고 빠짐없이 기록한다.

〈실험노트의 구성 항목〉

가. 실험 제목
나. 실험 날짜
다. 실험 장소
라. 실험자
마. 실험 조건(기온, 온도, 습도, 기압 등)
바. 준비물
사. 실험 목적과 원리
아. 실험 방법
자. 실험 과정
차. 실험 결과

③ 관찰

관찰은 사회과학과 자연과학 분야에서 주로 행해지는 원자료의 생산 방법이다. 관찰은 특히 사회과학 분야의 심리학이나 아동학 분야에서 행해지는 경향이 있다. 관찰은 어떤 대상의 행동 패턴이나 심리적인 측면을 연구하고자 할 때 주로 행해지고, 대상을 직접 눈으로 직시하고 어떤 행동의 패턴에서 변화를 보이는지 확인하는 방법이다.

관찰에는 참여관찰과 비참여관찰이 있다. 참여관찰은 관찰하고자 하는 대상이나 현상에 관찰자가 신분을 밝히지 않고 직접 참여해 수행하는 방법이고, 비참여관찰은 관찰자가 관찰 대상이나 현상에 관찰을 직접 한다는 사실을 밝히고 참여하는 방식이다. 그리고 관찰 대상자의 통제 정도에 따라 통제관찰과 비통제관찰이 있다. 통제관찰은 관찰자가 관찰 대상자를 직접 통제할 수 있는 관찰을 의미하고, 비통제관찰은 관찰자가 관찰 대상자를 통제하지 않는 관찰을 말한다. 이들 방법은 어떤 목적으로 연구하느냐에 따라 선택하면 된다.

관찰은 일반적인 자료 생산과는 달리 직접 현장에 뛰어들거나 참여해야 하고, 자료를 생산하는 과정에서 조금도 소홀히 하면 안 된다. 관찰에서는 대상의 움직임이 반복적으로 이뤄지는 일이 거의 없다. 관찰할 때 얼마나 충실히 하느냐가 원자료 생산의 핵심이 된다. 그리고 자료 생산 과정에서 돌발적인 상황이나 변화 등을 꼼꼼히 체크해야 한다. 인내심을 갖고 관찰 대상자의 행동 또는 변화를 하나라도 놓쳐서는 안 된다.

관찰을 하려면 우선 어떻게 진행할 것인지에 대해 철저한 계획을 세워야 한다. 관찰 대상은 무엇이며, 관찰 방법과 시간, 기록 방법 등을 사전에 정하고 시작하는 것이 바람직하다.

관찰의 진행 순서는 다음과 같다.

① 관찰 대상자를 찾는다.

관찰 대상자를 어떻게 선정할 것인지를 정하고, 그 대상자를 직접 섭외하거나 물색한다. 관찰 대상자가 정해지면 관찰할 장소와 시간, 방법도 알린다.

② 관찰 준비를 한다.

관찰 대상자의 허락을 얻고, 관찰 장소에 대한 섭외를 한다. 그리고 관찰에 필요한 준비 사항을 챙긴다.

③ 직접 관찰을 한다.

관찰 현장에서 표본을 어떻게 할 것인지를 정하고 진행한다. 그리고 관찰할 때에는 대상자의 행동 하나라도 놓쳐서는 안 된다.

④ 관찰 내용을 기록한다.

관찰 내용은 수기하거나 동영상으로 기록해도 된다. 나중에 직접 활용하기에 편리한 수단을 취하면 된다.

④ 현장조사

현장조사는 일명 '발로 뛰는' 원자료의 생산 방법이라고 할 수 있다. 현장조사는 현장에서 일어나고 있는 현상이나 실태를 조사하는 방법이다. 좀 더 구체적으로 말하면 현장에서 어떠한 일이 벌어지고 있는지 직접 눈으로 확인하면서 원자료를 생산하는 방식이다.

현장조사는 인문학과 사회과학 분야에서 적지 않게 이뤄진다. 인문학 영역에서는 인류학이나 사학에서 역사적 흔적을 발굴해 연구할 때 활용된다. 특히 인류학에서 많이 행해지는 현지조사(fieldwork) 또는 현장조사가 여기에 해당된다. 사회과학 분야에서는 사건현장이나 사회 현상을 파악하고 분석하기 위한 방법으로 이뤄진다. 예를 들어 역사적 사건현장을 파악하거나 도로의 교통흐름을 연구하고자 할 때 현장조사가 이뤄진다.

현장조사는 다른 원자료의 생산 방법과는 달리 인위적인 공간이 아니라 실제 공간에서 행해지는 사실 데이터를 생산하는 방법이다. 현장조사는 현장 실험과 유사한 원자료의 생산 방법이다. 실험실 실험은 실험실이라는 인위적인 공간을 만들어 실험하는 방법이고, 현장 실험은 자연 상태에서 실험하는 방법이다. 현장조사는 현장 실험과 유사하게 진행된다.

현장조사는 자연적인 환경에서 자생적으로 전개되는 원자료를 생산하게 된다. 어떤 목적으로 연구하느냐에 따라 현장조사가 다르게 이뤄질 수 있지만, 인문학이나 사회과학, 자연과학 분야에서 현장조사를 통한 원자료의 생산이 적지 않게 이뤄진다.

현장조사 또한 철저한 계획 하에 진행해야 한다. 그리고 사전에 조사할 현장에 대해 충분히 숙지해야 한다. 현장이 어떠한 상태이고, 어떤 특징을 지니고 있는지도 파악해야 한다. 이는 무엇보다 정확한 원자료를 생산하는 데 중요하기 때문이다. 이를 위해서는 현장에 대한 기본적인 자료조사를 하는 것도 필요하고, 사전에 현장을 답사하는 것도 요구된다. 그리고 무엇보다 중요한 것은 정확한 원자료를 생산하는 일이다.

현장조사는 자연 공간에서 진행되다 보니 동일한 원자료를 생산하기 어려울 수 있다. 물론 현장조사의 유형에 따라 다르지만, 조사할 때마다 현장의 조건이 다를 수 있고 조사 과정에서 변수 또한 발생할 수 있다. 그리고 원자료의 생산에서 문제가 있다고 할 때 반복적으로 진행하기에도 애로점이 많다. 우선 현장조사는 원자료의 생산에 많은 시간이 소요된다. 그리고 그 현장을 동일한 조건에서 재조사하기도 어렵다. 비용 또한 적지 않게 소요된다. 현장조사에서 어떤 연구 목적으로 어떤 원자료를 생산하고자 하는지를 명확히 할 필요가 있다.

또한 가급적이면 객관적인 기준을 적용해 진행하는 것이 원자료의 생산에 도움이 된다. 물론 현장조사를 진행할 때에는 작은 실수도 허용해서는 안 된다. 현장조사는 대상에 따라 다르지만 가급적 일회성으로 끝나야 한다. 여러 번 반복해서 원자료를 생산하는 것은 원자료의 생산 과정에서 다양한 변수가 작용할 수 있기에 정확한 원자료를 생산하는 것이 어려울 수 있다. 원자료의 생산 과정에서는 정확한 기록 또한 중요하다. 원자료의 생산 과정에서 행해지는 모든 내용에 대해 기록해야 한다. 변수가 발생하면 그 변수에 대해서도 정확히 기록해야 한다.

5장

원자료의 읽기와 분석

1. 원자료는 어떻게 읽는가?

원자료는 학술 논문의 중심적인 내용이고, 학술 논문의 바탕이 되는 데이터가 된다. 학술 논문에서 펼치는 주장은 모두 원자료에서 출발하며, 원자료를 떠나서는 학술 논문의 내용을 논의하기 어렵다. 학술 논문 쓰기에서 원자료를 정확하게 생산하는 것도 중요하지만, 원자료의 읽기 또한 절대 소홀히 해서는 안 된다. 원자료를 충실히 생산했다고 할지라도 원자료 읽기가 제대로 되지 않으면 도로아미타불이 된다. 원자료를 제대로 활용할 수 없고, 원자료를 생산한 고생 또한 보상받을 길이 없어진다.

읽기는 원래 읽기 대상이 담고 있는 뜻을 알아내는 인지 과정을 의미한다. 읽기 대상이 어떠한 정보를 갖고 있는지를 이해하고, 그 대상을 정확하게 파악하는 것이 목적이다. 그러나 학술 논문 쓰기에서 원자료 읽기는 단순한 읽기에 머무는 것이 아니라 글쓰기의 토대를 마련하기 위해서다. 그러므로 일반적인 읽기와는 차원이 다르다. 일반적인 읽기는 대상을 대충 파악하는 것으로 끝난다. 그러나 하나의 대상을 바탕으로 뭔가 주장을 펼치고 그것을 활용하려면 대충 읽어서는 안 된다. 일반적인 읽기는 한두 번으로 충분할 수 있지만, 학술 논문 쓰기에서 원자료의 읽기는 수십 번으로도 부족할 수 있다.

원자료의 읽기는 원자료의 유형이나 분량에 따라 다르다. 원자료가 단순하거나 간단하면 쉽게 읽을 수 있지만, 원자료가 복잡하거나 장황한 것이면 읽기 또한 쉽지 않다. 이때에는 한두 번의 읽기에 그쳐서도 안 된다. 읽기를 여러 번 해야 하고, 그래도 완전히 파악되지 않으면 또다시 읽어야 한다. 예를 들어 인문학 분야에서 문학작품을 원자료로 사용한다고 하자. 이때에는 한 번의 읽기로 끝나서는 안 된다. 적어도 수십 번은 읽어야 한다. 문학작품의 내용은 물론 인물 구조나 언어 표현, 작품의 구조, 내용의 인과관계 등을 파악하려면 읽기를 반복적으로 수행해야 한다. 그리고 읽는 과정에서 세부적인 부분까지 확인해야 한다. 물론 적은 분량의 원자료라면 한두 번의 읽기로 내용을 파악할 수 있다. 그러나 원자료의 읽기는 꼼꼼하고 철저하면 철저할수록 학술 논문 쓰기를 잘할 수 있다.

원자료의 읽기는 전체에서 부분으로, 외형에서 내부로 하는 것이 바람직하다. 그리고 읽기 방법을 고려한다면 통독에서 정독의 순으로 진행하는 것이 이상적이다. 그러나 원자료가 복잡하고 장황할수록 읽기는 체계적이고 지속적으로 행해야 한다.

원자료의 읽기를 실천적으로 접근한다면 우선 외형부터 읽기를 시작한다. 원자료가 어떤 틀을 지니고 있으며, 어떤 내용으로 구성되고 있는지를 파악한다. 그리고 난 다음 내용을 본격적으로 읽는다. 이때에는 첫 부분부터 마지막 부분까지 대충 훑는다. 그리고 처음부터 다시 꼼꼼히 읽으면서 원자료의 내용을 정확히 파악해야 한다. 원자료가 여러 항목으로 구성되어 있으면 각 항목이 어떤 내용을 담고 있는지를 파악한다. 항목의 내용이 잘 파악되지 않으면 그 부분을 다시 읽는다. 두 번째 읽기에서는 전체 내용을 완벽하게 파악하겠다는 자세로 접근하는 것이 좋다.

물론 이때에는 중요한 내용이나 부분이 있으면 일정한 양식에 따라 도식화하거나 메모하는 것이 좋다. 원자료의 분량이 많으면 전체 내용을 논리적으로 파악하기 어렵다. 그리고 어느 부분에 어떤 내용이 담겨 있는지 정확히 알기도 어렵다. 일정한 양식에 따라 도식화하거나 메모하면 나중에 읽으면서 내용을 빈틈없이 파악할 수 있다. 또한 양식에 따라 기록하거나 메모하면 나중에 원자료의 분석에도 엄청난 도움을 준다.

물론 읽기가 여기서 끝나는 것은 좋지 않다. 그다음에는 기록과 메모가 정확한지를 확인하면서 다시 읽어야 한다. 결국 읽기는 원자료의 전체 구성은 물론 내용의 세세한 부분까지 완벽하게 이해하고 파악할 때까지 수행해야 한다. 원자료를 보지 않고도 전체 내용의 흐름은 물론 어느 부분에 어떤 내용이 있는지를 알 정도여야 한다. 특히 원자료의 내용을 세부적인 것까지 완벽하게 파악할 수 있을 정도까지 읽는 것이 중요하다. 그러다 보면 원자료 읽기를 열 번 이상 행할 수도 있다. 결국 읽기는 원자료를 꿰뚫어볼 수 있도록 수행해야 한다. 인문학 분야의 연구에서 문학작품을 원자료로 삼는다면 몇 페이지에 어떤 내용이 담겨 있고, 어떤 핵심 표현이나 문구가 들어 있는지를 머릿속에 꿰뚫을 수 있을 정도가 되어야 한다.

글쓰기에서 가장 중요한 것은 배경지식이다. 배경지식이 충분하거나 완벽하지 않으면 좋은 글을 쓸 수 없다. 원자료의 읽기는 바로 배경지식을 확보하는 방법이라고 생각해야 한다. 또한 원자료의 내용을 완벽하게 알지 못하면 독자적인 주장을 제기할 수 없다. 원자료에 대한 이해가 충분해야 자신의 주장을 펼칠 수 있고, 내용도 요리할 수 있다. 원자료를 충분히 읽지 않으면 다른 사람의 주장에 부화뇌동한다. 그러다 보면 학술 논문의 독창성을 가질 수 없다. 그리고 글을 쓸 때에는 중심을 잡고 자신의 논리를 펼쳐야 한다. 원자료의 내용을 완벽히 이해한 것과 어설프게 이해한 것은 엄청난 차이를 가져온다.

예를 들어 평소 친하게 지낸 친구가 있다고 하면 그 친구에 대해 누구보다 잘 알 수 있다. 그런데 주변에서 그 친구에 대해 험담하거나 나쁘게 얘기한다면 주변의 의견이 옳은지, 옳지 않은지를 판단할 수 있다. 그 친구를 오래 만나고 허물없이 지냈다는 이유보다 그 친구의 실상을 정확히 파악하고 있기 때문에 주변의 생각에 동요되지 않는다. 그런 만큼 원자료의 데이터가 정확하지 않으면 학술 논문의 주장이 거짓 또는 엉터리일 수 있고, 그러다 보면 학술 논문으로서의 가치도 상실된다.

그리고 원자료를 읽었어도 원자료의 내용이 제대로 파악되지 않는다면 원자료의 외적 부분과 연관해 읽어야 한다. 특히 인문학 분야에서 행해지는 외국 문학작품의 경우 내용이 잘 이해되지 않으면 문학작품의 탄생 배경이나 시대적인 상황을 파악하고 읽는 것이 필요하다. 그러나 이때 원자료의 해설이나 원자료를 토대로 생산된 연구자료는 읽지 않는 것이 좋다. 이들 자료를 읽으면 원자료의 순수한 의미를 파악하기 어렵다.

2. 원자료의 분석은 어떻게 하는가?

어떤 대상이 있다고 할 때 그 대상을 정확히 파악하고 분석한다면 그 대상의 어떤 부분이 잘못되었고 문제가 있는지, 아니면 어떤 부분이 정상적인지를 명료하게 알게 된다. 대상의 실체를 완벽하게 분석했다면 누군가 그 대상에 대해 다양한 분석을 내놓더라도 상대에게 전혀 동요됨이 없다. 학술 논문의 원자료 분석도 동일한 맥락으로 접근해야 한다. 원자료의 읽기만으로는 원자료를 해부할 수 없다. 원자료가 어떤 실체를 가지고 있는지를 정확히 파악하려면 원자료를 분석해야 한다.

어떻게 보면 읽기는 분석의 전 단계가 된다. 분석하려면 읽기가 전제되어야 하고, 읽기가 정확하지 않으면 분석을 제대로 할 수 없다. 원자료에 대한 읽기가 끝나면 원자료에 대한 분석이 이뤄져야 한다. 원자료의 읽기가 표면적이라면 원자료의 분석은 내부적이라고 할 수 있다.

분석(analysis)은 사전적으로 "어떤 현상이나 사물, 대상 또는 관념의 전체를 이루고 있는 성분으로서의 구성 요소들로 나누어 살피는 행위 또는 과정"을 말한다. 하나의 현상이나 사물 또는 대상의 구성성분이 어떻게 조합되어 있고 그 성분들이 갖는 의미가 무엇인지를 파헤치는 과정이다. 예를 들어 컴퓨터가 있다고 하자. 컴퓨터를 분석하려면 컴퓨터를 구성하고 있는 성분이 무엇인지를 일차적으로 파악해야 한다. 컴퓨터는 흔히 본체와 모니터, 자판, 마우스 등으로 구성된다. 이들 구성성분이 어떤 기능과 역할을 하고 있는지를 정확히 파악해야 컴퓨터가 어떻게 작동되는지, 그리고 어떤 구성성분이 중요하고 중요하지 않은지, 사용하려면 어떻게 해야 하는지를 알 수 있게 된다.

원자료의 분석은 원자료가 어떤 구성 요소들을 지니고 있는지를 파악하는 과정이다. 원자료의 분석은 무엇보다 원자료에 대한 정확한 해석을 하기 위함이며, 더 나아가서는 연구와 관련한 주장을 도출하기 위한 전초 단계라고 할 수 있다.

원자료의 분석 방법은 원자료의 성격에 따라 다르지만, 기본적으로는 원자료 자체의 분석이 우선되어야 한다. 원자료의 자체 분석을 위해서는 원자료에 대한 외부적인 지식이나 관점을 개입시켜서는 안 되며, 원자료 자체가 지니는 구성 요소가 무엇인지를 정확히 파악해야 한다.

원자료의 분석은 원자료의 읽기에서 시작되지만, 원자료의 읽기보다 더 세밀하고 철저해야 한다. 원자료의 분석은 다양하지만 우선적으로 전체의 틀에 먼저 접근하고 그런 다음에 세부적인 구성성분으로 접근하는 것이 논리적이며 효율적이다.

원자료를 분석할 때에는 우선 분석의 기준을 정해야 한다. 분석의 기준은 원자료의 특성에 따라 다르지만, 그 기준이 합당함을 지니고 있어야 한다. 예를 들어 TV의 개그 프로그램이 원자료라고 하면 원자료 전체가 어떻게 구성되는지를 파악하고 그런 다음 카테고리 또는 기준점에 따라 분석한다. 이때에는 코너 구성을 비롯해 등장인물, 코너의 분량, 코너의 형식, 코너 구성 시간에 대한 분석을 해야 한다.

그리고 분석 목적에 맞는 기준을 정해 대상을 분절해야 한다. 원자료의 구성성분이 복잡하면 복잡할수록 분절의 기준이 필요하다. 원자료의 분절 기준은 원자료의 유형과 분석 목적에 적합한 방식을 취하는 것이 이상적이다. 원자료의 분절 기준은 시간이 될 수도 있고 공간이 될 수도 있으며, 주제 또는 형태나 방식 등도 될 수 있다. 분석 대상을 분절한 다음에는 구성성분들이 지니고 있는 특징과 의미를 파악해야 한다. 그리고 구성성분 간의 상호관계를 밝히고 전체와 어떤 관계를 맺고 있는지를 파악해야 한다. 예를 들어 사회 문제에 대한 논쟁을 다루는 칼럼이 있다고 하자. 칼럼은 사회 문제에 대한 글쓴이의 주장이 명료하게 드러나는 글이다. 여기에는 글쓴이의 단순 주장이 아니라 여러 가지 근거를 동원해 주장의 타당성을 개진한다. 이러한 칼럼을 분석할 때에는 일차적으로 텍스트를 읽고 글쓴이의 주장이 무엇인지를 파악하고 그 주장에 따른 근거를 찾아낸다. 그리고 그 근거에 따른 하부 근거도 찾아낸다. 그런 다음 근거가 과연 타당성을 갖는지, 그리고 근거들이 어떤 연관성을 갖는지, 근거에 따른 하부 근거 또한 타당성을 갖는지 등에 대해 분석해야 한다. 이러한 부분은 원자료의 구성성분이 무엇인지를 찾아내는 방법이 된다.

원자료의 구성성분은 자체적으로 독립해 존재하는 것이 아니라 서로 유기적인 관계를 맺고 있으며, 그 구성성분들의 유기적인 결합을 통해 하나의 원자료가 된다. 특히 언어연구나 문학연구의 방법으로 주목받고 있는 구조주의에 따르면 언어는 그 자체에 하나의 구조라는 체계를 갖고 있으며 그 체계 속에서 다양하게 서로 관련을 맺고 있다. 여기서 구조란 전체를 이루는 부분들의 양태를 말하고, 전체가 하나의 기능을 하기 위해서는 전체 구성성분이 서로 유기적으로 관계를 맺거나 작용하고 있기 때문에 가능하다는 논리이다.

언이학자 소쉬르는 언어의 내적 구조를 서양장기를 예로 들어 설명한다. 그는 서양장기에서 사용되는 말들이 각자의 역할에 따라 움직이고, 그 말들의 움직임이 상호 관련성을 맺으면서 전체 체계를 이룬다고 설명한다. 원자료도 구성성분이 유기적이고 상호 관련성 속에서 전체라는 체계를 이루고 있다고 할 수 있다. 그러므로 원자료의 분석에서 구성성분에 대한 분석에 머무르는 것이 아니라 구성성분 간의 상관관계는 물론 전체라는 체계에서 어떤 역할을 하고 있는지를 파악해야 한다. 결국 원자료의 분석은 단순히 원자료를 분절해 분석하는 데 머물러서는 안 되며, 분절된 대상이 전체와 어떤 연관성을 갖는지도 파악하는 것이 중요하다고 할 수 있다.

〈원자료의 분석〉

가. 구조 파악하기
- 구성 형식
- 내용 구성
- 내용의 논리성과 합리성

나. 문맥 파악하기
시대적 · 환경적 맥락 고려

〈원자료의 분석 과정〉

① 원자료를 일독한다.
② 원자료의 분석 기준을 정한다.
③ 원자료의 분석 기준에 따라 구성성분을 분절한다.
④ 분절된 구성성분 가운데 큰 단위부터 분석한다.
⑤ 분절된 구성성분 간의 관계성을 파악한다.
⑥ 구성성분과 전체와의 연관성 내지는 관계성을 파악한다.
⑦ 원자료 전체에 대한 평가를 한다.

3. 원자료의 해석은 어떻게 하는가?

학술 논문에서 제기되는 주장은 원자료의 분석과 해석에서 비롯된다. 원자료에 대한 분석과 해석이 제대로 이뤄지지 않으면 좋은 학술 논문을 쓸 수 없다. 원자료에 대한 분석과 해석이 철저하면 철저할수록 글의 주장이 강하며, 자신만의 창의적인 학술 논문을 쓸 수 있다.

원자료의 해석이란 원자료가 지니고 있는 의미를 이해하는 것을 말한다. 원자료에 대한 이해는 원자료가 지니고 있는 의미가 무엇이며, 원자료가 어떤 목적을 지닐 수 있는지를 파악하고 인식하는 과정이다.

원자료의 해석은 원자료 분석의 연장선상에서 또는 동시에 이뤄진다. 원자료의 해석은 원자료를 어떻게 분석했느냐와 직접적인 연관을 갖는다. 원자료의 분석이 철저하면 철저할수록 원자료의 해석이 정당성을 갖게 된다. 원자료는 다양한 관점에서 해석될 수 있다. 특히 인문학의 원자료는 무궁무진하게 해석될 수 있다. 예를 들어 문학작품의 경우 작품에 대한 해석은 연구자마다 다를 수 있다. 연구자의 관점이나 경험, 그동안 쌓아온 지식에 따라 다르게 해석될 수 있다. 흔히 소설을 어렸을 때 읽었을 때와 성인이 되어 읽었을 때 의미가 다르다는 말을 자주한다. 이는 소설을 읽을 당시의 지식이나 경험, 관점이 다르기 때문이다. 이러한 부분은 학술 논문 쓰기를 위한 원자료를 해석할 때에도 똑같이 적용될 수 있다.

원자료의 해석은 원자료의 분석 내용을 어떻게 접목시키느냐에 따라 달라진다. 또한 원자료를 어떻게 바라보느냐에 따라 해석도 달라진다. 예를 들어 기원전 그리스를 중심으로 활동했던 고대 철학사상가들인 소피스트에 대한 해석은 동일하지 않다. 일부에서는 소피스트가 진정한 설득을 목적으로 한 논변술을 강조한 집단으로 보는가 하면 일부에서는 언어의 기술적인 측면만 강조한 궤변론자들로 간주한다. 여기에는 소피스트들의 철학이나 행동에서 어떤 것을 근거로 삼아 어떤 관점에서 접근하느냐가 좌우된다고 할 수 있다. 다시 말하면 소피스트들의 철학이나 당시 이들의 행동에 대한 원자료를 어떻게 분석했느냐에 따라 해석이 달라지고 있음을 보여준다고 할 수 있다. 여기에는 원자료에 대한 분석이 주관적이고 해석 또한 주관적인 부분이 있기 때문이다.

그러나 자연과학 분야에서는 이러한 부분이 많이 희석된다. 자연과학 분야에서는 원자료의 분석에서 주관이 개입되어서는 안 되며, 원자료 또한 명료하다고 할 수 있다. 그러다 보니 자연과학 분야에서는 원자료에 대한 해석이 인문학 분야에 비해 다양성을 많이 갖지 못한다. 그러나 원자료의 해석에서 중요한 것은 인문학 분야에서는 얼마나 타당성을 갖느냐이고, 자연과학에서는 얼마나 정확성을 갖느냐이다. 인문학 분야에서는 학문적 특성상 정답을 도출하기 어렵다. 그러나 자연과학 분야에서는 반드시 정답이 도출된다고 할 수 있다.

원자료의 해석에서 가장 중요한 것은 원자료 자체가 지니는 의미가 무엇인지를 파악하고 이해하는 일이다. 연구자가 원자료를 직접 생산한 경우에는 원자료의 생산 목적에 얼마나 부합하는지, 그리고 원자료가 가지는 의미가 기존의 의미와 어떤 차이점이 있는지도 파악해야 한다. 그리고 연구자가 직접 생산하지 않은 원자료는 원자료가 지니는 의미와 원자료가 어떤 목적으로 생산되었는지를 파악해야 한다. 예를 들어 인문학의 원자료가 되는 문학작품을 해석할 때에는 원자료가 지니고 있는 의미는 물론 작가가 어떤 의도로 작품을 생산하였으며, 작품의 배경이나 당시 작품이 생산될 때 시대 상황 등을 고려해 해석해야 한다. 특히 문학작품은 작가의 생산물에 그치는 것이 아니라 시대의 산물이며, 생산 목적도 분명히 가지고 있다고 할 수 있다.

원자료의 해석은 크게 두 가지로 나눌 수 있다. 하나는 원자료의 내적 해석이고, 다른 하나는 원자료의 내외적 해석이다. 원자료의 내적 해석은 원자료만의 해석을 의미하고, 원자료의 내외적 해석은 원자료와 원자료의 외적 부분까지 고려해 해석하는 방법이다. 원자료의 내적 해석은 자연과학 분야에서 많이 행해지는 방법이고, 원자료의 내외적 해석은 인문학 분야에서 많이 행해진다고 할 수 있다. 그러나 두 방법에서 기초하는 것은 원자료 자체의 해석이다. 원자료 자체의 해석이 정확해야 원자료의 외적 부분을 고려한 해석도 정확할 수 있다. 물론 원자료가 어떤 것이냐에 따라 다르지만, 원자료 자체만으로 정확한 해석을 하는 것이 중요하다고 할 수 있다.

원자료의 해석은 우선 원자료에서 드러나는 사실을 중심으로 해야 한다. 원자료에서 드러나지 않은 이면을 고려하거나 외적인 부분까지 고려하는 것은 바람직하지 않다. 원자료 자체의 해석이 정확해야 연구의 주장도 정확하거나 타당성을 가질 수 있다. 원자료의 해석에서는 원자료 자체가 어떤 의미를 주고 있는지를 우선적으로 파악해야 한다. 그리고 그 의미를 제공해 주는 요소가 정확히 읽혔는지를 검토해야 한다. 원자료의 내용이 단순하면 그 의미를 파악하는 것은 수월하다. 그러나 원자료의 내용이 복잡하고 방대하다면 원자료를 해석하는 것은 그만큼 어려워진다. 하지만 아무리 원자료가 복잡하고 방대하다고 하더라도 원자료가 주는 의미가 과연 무엇인지를 정확히 파악해야 한다. 물론 이때에는 연구자의 기존 지식이나 주관을 개입해서는 절대로 안 된다. 원자료 자체가 가지는 의미가 무엇인지를 파악하는 것이 우선이다. 원자료의 해석에서 연구자의 기존 지식이나 주관이 개입되면 원자료 자체가 주는 의미를 정확히 읽어내는 것이 어려울 수 있다. 원자료의 자체 해석이 끝나면 그다음에는 연구자의 기존 지식이나 관점을 개입시켜 바라보는 것이 좋다.

원자료의 해석은 일차적으로 자신의 지식과 경험을 토대로 해석하는 것이 우선되어야 한다. 사전에 다른 연구자의 원자료에 대한 해석은 읽지 않는 것이 좋다. 다른 연구자의 원자료에 대한 해석을 읽으면 자신의 관점에서 해석할 수 있음에도 그 관점을 무시할 수 있으며, 그러다 보면 독창적인 해석이 불가능하다.

✚ 원자료 해석 사례

미국 인력 컨설팅 업체가 설문조사로 생산한 원자료의 해석 사례를 담고 있는 자료이다.

> 얼마 전 미국 인력 컨설팅 업체 맨파워그룹이 미국과 캐나다 직장인을 대상으로 점심시간 활용에 대한 실태조사를 한 적이 있다. 미국과 캐나다 직장인 1,023명을 대상으로 한 이 설문조사에서 다음과 같은 결과가 나왔다.
>
> 응답자의 28%는 "점심시간을 전혀 갖지 못한다"고 응답했으며, 응답자의 14%는 "점심시간을 따로 내지 못하는 경우가 잦다"고 답했다. 그리고 응답자의 39%는 "점심을 사무실 책상에 앉아서 해결한다"고 했으며, 19%는 "사무실 밖으로 나가서 제대로 된 점심을 먹고 휴식을 취한다"고 답했다.
>
> 맨파워그룹은 이 설문조사가 "북미 지역 직장인들이 업무로 인해 엄청난 스트레스를 받고 있다는 사실을 보여준다"면서 "직장인들이 제대로 된 점심을 먹지 못하는 것은 전화 · 이메일 점검을 비롯해 업무와 관련한 일을 처리하기 때문"이라고 설명했다.

이 자료에 대한 해석은 두 가지가 가능하다. 하나는 미국 · 캐나다 지역의 직장인의 업무 스트레스가 엄청나다는 해석이다.

> 설문조사에서 직장인의 81%가 점심을 먹기 위한 시간을 충분히 갖지 못하고 있으며, 점심시간을 제대로 즐기는 직장인은 19%밖에 되지 않는다고 읽을 수 있다. 직장인 81%가 점심시간을 충분히 갖지 못한다는 것은 업무로 인한 스트레스가 엄청나다고 접근할 수 있다. 그리고 미국 · 캐나다 직장인 5명 중 4명은 업무 스트레스로 인해 매일 점심 식사를 겸한 휴식시간을 제대로 갖지 못하고 있다고 판단할 수 있다. 이는 결국 미국 · 캐나다 직장인이 점심시간조차 업무에서 벗어나 몸과 마음을 재충전할 수 없다면

업무로 인한 스트레스로 말미암아 업무의 효율성이 떨어지고, 나아가서는 생산성이 떨어질 수 있다고 해석할 수 있다.

또 하나는 미국 · 캐나다 지역 직장인이 경제적 어려움을 심하게 겪고 있다는 해석이다.

설문조사를 보면 미국 · 캐나다 지역 직장인이 점심식사 시간을 여유롭게 즐기는 경우는 19%밖에 되지 않는다. 그리고 직장인의 39%는 점심을 간단히 해결한다고 할 수 있고, 나머지 42%는 점심을 먹지 않거나 먹더라도 대충 때우는 식으로 접근할 수 있다. 이는 결국 미국 · 캐나다 지역의 경제적 어려움을 그대로 보여준다고 해석하는 것도 가능하다.

결국 원자료의 해석은 원자료의 생산 목적과 원자료가 지니고 있는 의미를 어떠한 관점에서 볼 것인가에 따라 다르다고 할 수 있다. 그것은 어떻게 원자료를 해석하느냐에 따라 주장이 다를 수 있다는 사실을 보여준다고 할 수 있다.

6장

목차의 구성과 잡기

1. 목차는 왜 구성하는가?

모든 글에서 목차가 구성되는 것은 아니다. 짧은 내용의 글은 목차를 굳이 구성할 필요가 없다. 어떤 내용을 어떻게 쓸 것인가를 고려하고 쓰기를 시작하면 된다. 그러나 내용의 분량이 많고 다양한 내용을 담는 글이라면 목차 구성은 반드시 필요하다. 학술 논문도 필수적으로 목차 구성을 해야 한다. 학술 논문은 분량이 많을 뿐만 아니라 주제에 대한 내용 또한 폭넓게 담아내야 한다.

그런데 학술 논문 쓰기에서 목차 구성은 언제 하는지가 중요하다. 일반적으로 학술 논문 쓰기를 할 때 목차 구성은 원자료와 참고자료를 읽고 검토한 다음 진행하는 것을 당연하다고 생각하는 경향이 있다. 그러나 목차 구성은 원자료를 읽고 해석한 다음에 진행하는 것이 창의적인 목차를 구성할 수 있다. 참고자료를 읽고 난 다음 목차를 구성하면 자신만의 목차를 구성하기 어렵고, 다른 연구 자료의 목차를 의식하게 된다. 그러다 보면 창의적인 목차를 구성하기 쉽지 않다. 다른 연구 자료의 목차가 올바르고 완벽하다는 생각에

사로잡힐 뿐만 아니라 심지어 다른 연구 자료의 목차를 도용하기 쉽다. 그렇게 되면 새로운 목차, 자신만의 목차를 구성하기란 어렵다.

목차는 흔히 글의 뼈대이며, 일명 '글의 설계도'이다. 건축을 하거나 기계를 설계할 때 도면을 그리는 것이나 마찬가지이다. 건축을 할 때 도면을 그리는 이유는 우선 건축을 제대로 하기 위한 것이고, 거기서 더 나아가 건축을 효율적으로 하기 위함이다. 목차 잡기도 글을 제대로 효율적으로 쓰기 위한 것이다.

목차 잡기는 특히 많은 분량의 글을 쓸 때에는 반드시 해야 한다. 적은 분량의 글을 쓸 때에는 대략적인 윤곽을 잡고 하면 문제가 없다. 그러나 분량이 많은 글은 머릿속에 윤곽을 잡고 쓰기 어렵다. 전체 구성을 머릿속에 담기 어려울 뿐만 아니라 어떤 내용을 어느 부분에 전개해야 할지를 제대로 파악하기 어렵다. 글의 분량이 많으면 쓰고 지우고 쓰고 지우는 반복적인 작업을 하기 일쑤다. 그러다 보면 글쓰기가 어려워진다. 그리고 전체 글을 한꺼번에 쓰는 것도 불가능하다. 목차가 잡히면 필요에 따라 항목을 추가하고, 그러면서 완성해 나가는 것이 효율적인 글쓰기가 된다.

목차를 잡는 이유는 결국 글을 효율적으로 전개하기 위함이지만, 내용의 중복을 막는 데도 중요한 역할을 한다. 글의 분량이 많으면 내용이 중복되거나 반복하는 일이 빚어지기 쉽다. 목차 구성은 바로 이러한 부분을 예방하는 차원이다.

또 하나는 목차를 잡음으로써 전체 내용의 흐름을 한눈에 파악하는 것이 가능하다. 글의 분량이 많으면 전체 내용을 파악하기 어렵다. 그러나 목차가 잡히면 학술 논문에서 어떤 내용을 담고자 했는지를 확인할 수 있다. 그리고 어떤 내용이 필요하고 어떤 내용이 필요 없는지를 개략적으로 확인하는 것도 가능하다.

학술 논문은 내용도 중요하지만 목차 구성에서부터 창의적이어야 한다. 다른 학술 논문과 차별성이 있어야 한다. 목차는 내용을 담아내는 뼈대와 같은 구실을 한다. 목차가 창의적으로 구성되지 않으면 내용 또한 창의적이지 않을 수 있다. 대개 목차를 구성할 때 '어떻게 하지?'라는 두려움을 갖는다. 목차를 구성하려면 어떤 내용이 필요한지를 생각하면 된다. 만약 해외여행을 한다고 하자. 해외여행을 제대로 하려면 어떻게 해야 하는지가 중요하다. 여기에는 여행의 목적뿐만 아니라 여행의 내용 또는 여행노선, 여행시간 활용, 식사 방법과 여행 경비 등이 정확히 고려돼야 한다. 결국 이러한 내용을 어떻게 구성할 것인지를 생각하면 목차를 구성하는 것이 어렵지 않다.

사실 목차의 구성은 3단계로 진행하는 것이 이상적이다. 우선 연구의 주제가 잡히면 대략적으로 어떤 내용을 담을 것인지 가목차를 잡아본다. 그리고 원자료를 읽고 분석한 다음 목차를 구체적으로 잡는다. 그런 다음 참고자료를 읽고 검토한 뒤 구체화된 목차를 수정하거나 보완하는 방식으로 진행하면 창의적으로 목차를 잡을 수 있다. 달리 말하면 가목차를 대략적으로 잡고, 원자료를 읽고 분석한 다음 구체화시키고, 참고자료를 읽고 검토한 뒤에 수정과 보완을 거쳐 목차를 완성하는 것이 바람직하다. 그러나 목차는 원자료를 읽고 분석한 다음 거의 완성될 정도로 구체적으로 잡는 것이 중요하다.

2. 목차는 어떻게 잡는가?

목차 구성은 학술 논문의 전체 내용을 어떻게 구성할 것인지에 대한 뼈대를 구축하는 것을 의미한다. 목차를 구성할 때 우선적으로 고려할 것은 주제를 효율적으로 도출하기 위해 필요한 내용이 무엇인지를 파악해야 한다. 어떤 글이든 주제를 명료하게 도출하는 것이 관건이다. 학술 논문은 일반 글과는 달리 주제에 대한 깊이 있는 논의가 요구되지만, 그 주제를 효율적으로 드러내기 위해서는 어떤 내용을 담아야 하는지를 파악하는 것이 중요하다. 어떤 내용이 필요할지를 파악하기 어려울 때에는 연구 주제를 분석해 보는 것도 한 가지 방법이다. 학술 논문의 주제를 보면 필요한 내용이 어느 정도 암시되어 있다.

예를 들어 〈성인 남성의 흡연율 실태 분석〉이라는 주제가 있다면 이 주제의 결론은 성인 남성의 흡연 문제에 따른 해결 방안을 제시해야 한다. 그렇다면 기본적으로 전개되어야 하는 것은 성인 남성과 흡연의 관계이다. 그리고 설문조사의 대상과 범위를 비롯해 흡연 횟수, 흡연의 시작, 흡연량, 흡연 방법 등이 요구될 수 있다. 이들 내용을 항목으로 구분해 잡을 수 있다.

글쓰기는 의사소통 행위이다. 글쓰기는 필자가 일방적으로 내용을 담아내는 것이 아니라 독자가 궁금해하는 것이 무엇인지를 고려해야 한다. 목차 구성도 독자가 주제에 대해 어떤 내용을 궁금해하고, 그 주제를 충분히 파악하고 이해하도록 하려면 어떤 내용이 요구되는지를 생각해야 한다.

그다음에 고려해야 할 것은 목차의 기본 구성이다. 학술 논문의 목차는 기본적으로 서론과 본론, 결론으로 구성된다. 학술 논문이 서론과 본론, 결론으로 구성되는 것은 메시지의 완결된 전달방식을 추구하는 데 기인한다. 일반 글도 마찬가지이다. 서론과 본론, 결론 가운데 한 부분이라도 생략되면 완결된 메시지로 보기 어렵다.

학술 논문의 목차 구성에서 서론과 결론은 크게 신경 쓰지 않아도 된다. 서론과 결론은 세부적으로 나눠 구성할 필요가 없다. 서론과 결론에 어떤 내용을 담을 것인지만 고려하면 된다. 그런데 학술 논문의 목차 구성에서 신경 써야 하는 부분은 본론이다. 본론은 학술 논문의 핵심 내용이 되고, 이 부분을 어떻게 구성하느냐가 학술 논문의 질을 좌우한다. 결국 학술 논문에서는 본론을 어떻게 구성할 것인가를 고려하는 것이 목차 구성의 관건이다.

학술 논문의 본론은 연구 주제와 내용에 따라 다르게 구성된다. 자연과학 분야의 학술 논문은 비교적 단순하게 구성되는 경향이 있지만, 인문학 분야의 학술 논문은 복잡하게 구성되는 경향이 있다.

• 인문학 분야의 학술 논문은 본론이 기본적으로 여러 개의 큰 항목과 세부적인 작은 항목으로 나눠 구성된다. 항목의 개수는 일차적으로 글의 분량과 관련이 있지만, 연구 주제를 충분히 설명하기 위해 어떤 내용이 필요한지를 고려해야 한다. 그리고 그 부분을 항목으로 나눠 구성하면 된다. 예를 들어 본론의 항목을 3개로 할 것인지 또는 4개, 5개로 할 것인지는 주제를 충분히 설명하기 위해 몇 개의 항목이 필요한지를 고려하면 된다. 인문학 분야의 본론 구성은 점층 방식을 취하는 경향이 있다. 첫 항목에서는 본론의 배경이 되는 내용을 항목으로 정하고, 두 번째 항목은 거기서 좀 더 발전적인 내용을 담아낸다. 세 번째 항목에서는 본론의 핵심적인 내용을 담아내고, 네 번째 항목에서는 세 번째 항목을 부가적으로 추가할 수 있는 내용을 담아낸다. 이 방법을 응용하면 본론의 목차를 쉽게 구성할 수 있다. 또한 전체 논문 구성을

보면 기 · 승 · 전 · 결 형식을 띠는 방식을 취한다고 봐도 무방하다.

• 자연과학 분야의 본론 구성은 인문학 분야와는 다소 다르다. 자연과학 분야의 실험 논문은 IMRAD 방식으로 정해져 있다. 실험을 통해 생산된 데이터를 중심으로 학술 논문을 쓸 때에는 IMRAD 방식을 그대로 적용하면 된다. I는 'Introduction', M은 'Materials and Method', R은 'Result', A는 'and', D는 'Discussion'을 의미한다. 자연과학 분야의 실험 논문이 IMRAD로 구성되는 것은 실험을 통한 연구 결과를 담아내는 데 가장 적합한 방식이기 때문이다. 과학실험은 입증을 중시한다. 과학실험은 제3자가 하더라도 동일한 결과가 생산되어야 한다. 과학실험 논문의 구성은 제3자가 동일한 실험재료와 방법을 적용하면 동일한 결과가 나올 수 있음을 확인할 수 있도록 보여주는 형태를 취한다고 할 수 있다. 만약 동일한 실험재료와 방법을 적용한 실험 결과가 다르다면 실험 논문 자체가 문제가 된다. 이는 학문적인 특성과도 관련이 있다고 할 수 있다.

• 사회과학 분야의 본론 구성은 인문학과 자연과학 분야의 본론 구성을 혼합한 형태를 취한다. 사회과학 분야에서 많이 활용되는 설문조사를 통한 학술 논문은 자연과학의 실험 논문과 비슷한 방식을 취한다. 본론을 몇 개의 항목으로 나눌 것인지는 연구자 또는 내용에 따라 다르지만, 일반적으로 3개의 큰 항목으로 나눈다. 첫 번째 항목은 본론의 핵심을 도출하기 위한 토대가 되는 내용을 서술한다. 흔히 사회과학 분야의 학술 논문 구성의 이론적 배경이 여기에 해당된다. 두 번째 항목에서는 설문조사를 통해 생산된 데이터를 중심으로 해석과 함께 주장을 펼치고, 세 번째 항목에서는 추가적인 내용을

부연하게 된다. 결국 학술 논문의 구성은 학문에 따라 달리 구성되는 것이 아니라 원자료를 어떻게 생산해 내용에 담을 것인가에 따라 다르게 구성된다고 할 수 있다.

실제 자연과학 분야의 실험 논문 구성은 인문학 분야에서도 취해진다. 인문학 분야에서 '수업 사례 분석'이라는 주제로 학술 논문을 쓸 때에는 자연과학 분야의 실험 논문과 유사한 구성을 취한다. 결국 중요한 것은 원자료를 어떻게 생산하느냐에 따라 학술 논문의 구성이 다르다는 사실이다. 이러한 부분을 고려하고 연구 주제에 맞는 목차를 구성하는 것이 바람직하다. 그리고 일단 목차가 구성되면 참고자료를 검토하고, 그다음에 목차를 수정하면 좋은 목차를 구성할 수 있다.

그리고 목차는 계층적으로 구성한다. 계층적 구성은 상위 항목과 하위 항목으로 짜는 것을 말한다. 예를 들어 1, 2, 3과 1), 2), 3)이 있다고 하면 1, 2, 3이 상위 항목이고 1), 2), 3)이 하위 항목이 된다. 항목은 글의 분량과 직접적인 관련이 있으며, 항목이 계층적으로 나눠지면 나눠질수록 글의 분량이 많아진다. 특히 학위 논문은 연구 논문보다 항목이 더욱 세부적으로 나눠진다. 연구 논문은 5~6개의 항목으로 구성될 수 있고, 이들 항목의 소항목도 세부적으로 펼쳐지지 않을 수도 있다. 그러나 학위 논문은 큰 항목이 더 추가될 수 있고 큰 항목의 하위 항목도 더 세부적으로 나눠질 수 있다. 글의 분량이 100쪽 정도 된다면 큰 항목에서 하위 항목, 거기서 또다시 하위 항목으로 구성해야 한다. 그런데 항목은 필요한 경우에만 나누고 불필요한 경우에는 나누지 않는 것이 좋다.

마지막으로 목차를 잡을 때에는 다른 학술 논문의 목차를 참고하지 않고 잡는 것이 좋다. 일부에서는 목차 잡기를 할 때 유사한 주제의 다른 학술 논문을 참고하기를 권하지만 그다지 바람직하지 않다. 다른 학술 논문의 목차를 보면 그 목차가 가장 이상적이라고 생각하는 경향이 있다. 그러나 다른 학술 논문의 목차를 참고하면 창의적인 목차를 구성하기 어렵고 잘못하다가는 목차를 표절하게 될 우려가 있다.

〈주제를 통한 목차 구성〉

① 주제를 분석한다.
② 주제에 요구되는 내용이 무엇인지를 파악한다.
③ 그 내용을 펼친다.
④ 주제를 충분히 설명하고 있는지를 확인한다.

〈목차의 기본 구성〉

가. 서론(Introduction)
연구 주제에 따라 세부 항목으로 나눌 수 있다.

나. 본론(Main body)
항목이 여러 개로 나눠진다. 특히 항목은 상위 항목과 하위 항목 그리고 소하위 항목으로 나눠질 수 있다.

다. 결론(Conclusion)
단일 항목으로 구성되며, 세부 항목으로 나눠지지 않는다.

3. 목차 잡기에서 주의해야 할 점은?

목차는 전체 글의 내용을 일목요연하게 보여주는 역할을 한다. 학술 논문은 목차가 어떻게 구성되었는지를 보면 좋은 논문인지 아닌지를 알게 된다. 목차가 얼마나 논리적인지, 그리고 필요한 내용을 목차에 잘 제시하고 있는지를 가늠할 수 있다. 학술 논문 가운데 학위 논문의 경우 목차가 얼마나 잘 구성되었는지가 평가의 관건이 된다. 달리 말하면 목차만 보면 논문이 어떻게 구성되고 어떤 내용을 담고 있는지 파악할 수 있다. 그러다 보니 학위 논문을 심사할 때에는 목차에 대한 논의를 많이 하고 문제점 또한 많이 지적하는 경향이 있다.

또 하나는 목차만 잘 잡으면 학술 논문의 70% 이상 잘 쓸 수 있을 가능성을 갖게 된다. 글을 쓸 때에는 목차에 따라 내용을 전개하고, 목차가 논리적이면 전체 글도 논리적으로 구성된다. 그리고 필요한 내용의 항목이 목차에 잘 제시되어 있으면 내용을 충실히 담고 있다고 봐도 크게 어긋나지 않는다.

목차 잡기에서 주의해야 할 점은 우선 전체 목차가 일관성을 지녀야 한다는 것이다. 목차의 항목은 물론 항목의 제목도 일관성을 유지해야 한다. 모든 항목은 가급적 핵심 구로 표현하고 서술문장으로 표현하는 것은 지양해야 한다. 일부에서는 문장으로 표현하는 것이 분명한 메시지를 제시하는 데 도움이 된다고 하지만, 목차를 전체적으로 복잡하게 만드는 경향이 있다. 특히 목차가 복잡하게 구성될 때에는 혼란을 야기한다.

항목의 번호 부여 또한 일관성이 있어야 한다. 대등한 관계에 있는 항목의 번호는 동일한 계열의 번호를 부여해야 한다. 예를 들어 두 개의 동일한 항목이 있다면 1과 2의 번호를 부여해야 하며, 1과 2)로 부여해서는 안 된다. 1과

2)는 대등한 계열에 있는 번호가 아니다.

또 하나는 모든 항목에 번호를 붙인다. 항목 번호는 전체 구성은 물론 항목의 상하관계를 보여준다. 항목 번호를 보면 어떤 항목이 상위 항목이고 어떤 항목이 하위 항목인지를 파악할 수 있다. 그런데 항목 번호는 제일 상위 항목은 반드시 붙이되, 그 외의 나머지 항목 번호는 항목이 두 개 이상일 때에만 붙인다. 하나의 항목만 있을 때에는 붙이지 않는다. 예를 들면 '2. 이론적 배경 1) 자연의 개념'이라는 상위 항목과 하위 항목이 있다고 하자. 여기서 하위 항목은 하나이다. 즉 '1) 자연의 개념'이다. 이때에는 '1) 자연의 개념'을 항목으로 사용하지 않고 '2. 이론적 배경'만 항목으로 사용한다.

또 하나 주의해야 할 것은 상위 항목과 하위 항목에서 동일한 표현을 사용해서는 안 된다는 점이다. 상위 항목과 하위 항목은 주종관계에 있다. 하위 항목의 표현을 상위 항목의 표현과 동일하게 사용하는 것은 주종관계가 아닌 대등관계에 있음을 보여줄 수 있다. 일부 학술 논문에서 하위 항목의 표현을 상위 항목과 동일하게 사용하는 경우가 있지만, 이는 결코 바람직하지 않다. 상위 항목의 표현은 하위 항목보다 좀 더 포괄적인 표현이 되어야 한다.

〈목차 구성에서 주의할 점〉

가. 항목의 번호와 제목은 일관성을 유지해야 한다.
나. 모든 항목에는 번호를 부여한다.
다. 하위 항목의 번호는 두 개 이상일 때에만 부여한다.
라. 대등한 항목은 동일 계통의 번호를 부여한다.
마. 상위 항목과 하위 항목은 동일한 표현을 사용해서는 안 된다.

✚ 항목의 번호 부여 방식 예시

Ⅰ. ------------------------첫 상위 항목

1. ------------------------두 번째 항목

1) -----------------------세 번째 항목(1.의 하위 항목 번호)

(1) --------------------네 번째 항목(1)의 하위 항목 번호)

① ------------------다섯 번째 항목

가. ----------------여섯 번째 항목

가)----------------일곱 번째 항목

- 전공 분야에 따라 항목의 번호 부여 방식이 약간의 차이가 있으나, 일반적으로는 아라비아숫자를 사용한다.
- 로마자는 항목이 더 세부적으로 나눠질 때 사용한다.
- 숫자를 처음에는 완전히 오픈하고, 하부로 내려갈수록 숫자를 닫는다고 생각하면 된다.

✚ 학문 분야별 목차 구성 예시

인문학 학술 논문의 목차

과학 글쓰기의 학제적 접근을 위한 고찰

1. 서론

2. 과학 글쓰기의 의미와 특징
   1) 과학 글쓰기의 의미
   2) 과학 글쓰기의 특징

3. 과학 글쓰기의 학제적 접근 방법
   1) 이론적 접근
   2) 내용적 접근
   3) 방법론적 접근

4. 과학 글쓰기의 교과 구성과 운영
   1) 교과의 구성
   2) 교과의 운영

5. 과학 글쓰기의 학제적 교육 효과
   1) 안에서 밖으로의 융합
   2) 탈학문적 융합
   3) 교양과 전공의 통합적 융합

6. 결론

⇒ 학술 논문은 전체적으로 6개의 상위 항목으로 구성된다. 여기서 본론은 2.~5.까지 4개 항목으로 구성된다. 본론의 '2. 과학 글쓰기의 의미와 특징'은 핵심 내용의 토대가 되는 항목이 되며 '3. 과학 글쓰기의 학제적 접근 방법'은 거기서 좀 더 부연되는 내용이 된다. '4. 과학 글쓰기의 교과 구성과 운영'이 본론의 핵심 내용이고, '5. 과학 글쓰기의 학제적 교육 효과'는 추가로 부연되는 내용이 된다. 이러한 방식이 전형적인 인문학 분야의 학술 논문 구성이다.

자연과학 실험 논문의 목차

하천수 오염과 생태계 파괴의 상관관계

1. 서론
   연구의 배경과 연구의 목적 서술

2. 실험 재료
   실험 약품이나 기구, 분석도구 등 서술

3. 실험 방법
   하천수 오염의 측정 방법과 생태계 파괴의 분석 방법 제시

4. 실험 결과
   하천수 오염 측정 결과와 생태계 파괴 분석 결과 서술

5. 고찰
   실험 결과의 의미와 평가 전개

6. 결론
   실험 결과의 중요성과 앞으로의 연구 방향 제시

⇒ 자연과학 분야의 실험 논문은 전형적인 IMRAD 방식을 취한다. 전체 6개 항목으로 나눠지며 본론은 2. 실험 재료~5. 고찰까지이다. 본론은 인문학 분야의 학술 논문과는 달리 실험 재료와 실험 방법, 실험 결과, 고찰의 순으로 구성된다. 이러한 구성은 하나의 실험 데이터를 도출해 담아내는 가장 적합한 방식이 된다. 실험 논문에서는 실험 결과와 고찰을 독립적으로 분리해 서술해도 되고, 둘을 하나의 항목으로 함께 서술해도 상관이 없다.

사회과학 학술 논문의 목차

청소년의 SNS 활용 실태와 사회생활 태도

1. 서론

2. 이론적 배경
   1) SNS의 개념과 특징
   2) 청소년과 SNS의 관계

3. 연구 방법
   1) 연구 대상과 기간
   2) 연구 방법과 범위

4. 연구 결과와 논의
   1) 조사 대상자의 일반적 사항
   2) 청소년의 SNS 활용 특성
   3) 조사 대상자의 사회생활 태도

5. 결론

⇒ 사회과학 분야의 학술 논문은 인문학과 자연과학 분야의 학술 논문 구성의 혼합된 형태를 취하는 경우가 있다. 특히 설문조사를 통한 학술 논문의 목차 구성이 그렇다. 논문은 전체 5개 항목으로 구성되며, 본론은 '2. 이론적 배경~4. 연구 결과와 논의'이다. 항목 '2. 이론적 배경'은 본론의 핵심 내용을 이론적으로 뒷받침하는 내용이 되고, '3. 연구 방법과 항목, 4. 연구 결과와 논의'가 논문의 핵심 내용이 된다. 이 논문은 자연과학 분야의 실험 논문과 달리 결과와 고찰을 통합해 구성하고 있다. 이는 하나의 내용만이 아닌, 설문조사를 통한 여러 개의 내용을 담아내기 때문이다.

✚ 목차 구성의 사례 분석

한국의 보험범죄

1. 서론

2. 보험범죄의 일반
   1) 보험범죄의 의의
   2) 보험범죄의 일반적 특징
   3) 보험범죄의 유형

3. 한국의 보험범죄 관련 현황
   1) 보험가입 현황
   2) 보험범죄 적발 현황
   3) 보험 범죄자
   4) 법원의 양형 실태
   5) 보험범죄 조사인력 현황

4. 보험범죄에 대한 현행 법규
   1) 현행 법규
   2) 현행 법규의 미비점
   3) 외국의 입법 사례

5. 보험범죄의 대응 방안

6. 결론

진단

우선 전체 목차를 보면 구성의 통일성이 없다. 그리고 목차 상으로 볼 때 학술적 접근이 이뤄진 것이 아니라 개론적인 내용을 나열하는 방식이 되고 있다. 특히 목차에서 어떤 연구의 결과를 도출하고자 했는지가 분명히 드러나지 않는다. '5. 보험범죄의 대응 방안'에서 그 부분이 도출될 수 있지만, 앞의 항목과 연계성이 떨어지고, 앞의 항목에서 결과를 도출하기 위한 전제적인 내용이 잘 잡혀 있지 않다. 이러한 부분은 주제가 명료하게 잡히지 않아서 발생된다고 할 수 있다. 현재의 주제는 포괄적이고 어떤 연구 결과를 도출하고자 하는지를 명시적으로 제시하지 못하고 있다.

세부 항목을 보면 '2. 보험범죄의 일반 3. 한국의 보험범죄 관련 현황 4. 보험범죄에 관한 현행 법규 5. 보험범죄의 대응 방안' 항목은 학술적 연결성이 부족하다. '2. 보험범죄의 일반'이 아니라 '보험범죄의 개념과 특징'이 되어야 한다. '3. 한국의 보험범죄 관련 현황'은 '한국의 보험범죄 현황'으로 표현해야 한다. 그러나 이 부분은 3의 항목으로 적합하지 않다. 현황은 서론 부분에 녹여도 충분하다. '4. 보험범죄에 관한 현행 법규'도 다른 항목과 연결성이 없고 따로 분리된다. 이러한 부분은 어떤 연구 결과를 도출해야 할지를 명확히 파악하지 않은 상태에서 빚어진 것이라고 할 수 있다.

해결 방안

우선 주제의 범위를 좁히고 구체적으로 잡아야 한다. 전체 맥락을 고려할 때 〈한국 보험범죄의 보험금 지급 시스템과 정책적 해결 방안〉으로 잡는 것이 좋다. 만약 보험범죄의 다양한 유형이 존재한다면 현재 가장 이슈가 될 수 있는 〈한국의 살인보험범죄의 보험금 지급 시스템과 정책적 해결 방안〉으로 잡는 것이 더욱 이상적이다. 또 하나는 〈한국 보험범죄의 보험금 지급 시스템과 정책적 해결 방안: 살인보험범죄를 중심으로〉라고 잡아도 된다. 이때에는 살인보험범죄를 중심으로 내용을 전개하면서 마지막에는 보험범죄의 문제를 짚어내려는 방향이 된다.

그리고 세부 항목은 '2. 살인보험범죄의 개념과 특징 3. 살인보험금 지급 시스템과 정책 지원 4. 살인보험 지급 시스템과 정책 문제 5. 살인보험금 지급 시스템과 정책적 해결 방안'으로 잡아야 통일성과 학술성을 갖게 된다. 그리고 세부 항목은 그것에 합당해야 한다.

방송 프로그램 〈뽀로로〉의 유아용 콘텐츠로서의 특징과 영향력 연구

1. 서론
   1) 연구 배경과 문제 제기
   2) 연구 목적

2. 뽀로로의 탄생과 제작 과정
   1) 유아용 문화콘텐츠의 개념과 유형
   2) 뽀로로의 제작 단계와 유통 과정
   3) 뽀로로의 시즌별 줄거리와 구성

3. 유아용 콘텐츠 뽀로로의 특징
   1) 캐릭터
   2) 플롯과 스토리
   3) 언어 구성과 음악 사용

4. 뽀로로의 영향력
   1) 유아용 콘텐츠에 미친 영향
   2) 국내에 미친 영향
   3) 국외에 미친 영향

5. 결론

진단

우선 목차가 어느 정도 잡혀 있다. 목차를 보면 뽀로로를 중심으로 어떤 학술적 내용을 도출하고자 하는지 어느 정도 파악된다. 그러나 '4. 뽀로로의 영향력'에서 광범위하게 접근하고 있고, 여기서 무엇을 도출하려는지 명료하지 않다. 작품이 어떤 영향력을 가졌는지, 그리고 그 영향력을 어느 분야로 접근해야 일목요연한 구성이 되는지를 파악해야 한다. 다시 말하면 문화적 영향력으로 접근하는 것이 좀 더 구체적이다.

해결 방안

우선 4의 항목을 다시 잡아야 한다. 2의 소항목 '1) 유아용 문화콘텐츠의 개념과 유형'은 2번의 상위 항목에 포함될 수 없는 내용이다. 따라서 이 항목은 따로 독립시키는 것이 좋다. 즉 '2. 유아용 콘텐츠의 개념과 유형' 정도로 잡으면 된다. 그리고 '2. 뽀로로의 탄생과 제작 과정'은 '1) 뽀로로의 탄생 배경 2) 뽀로로의 제작과 유통'으로 잡는 것이 좋다. '3. 유아용 콘텐츠 뽀로로의 특징'은 '4. 뽀로로의 유아용 콘텐츠로서의 특징'으로 잡아야 한다. '4. 뽀로로의 영향력'은 '5. 뽀로로의 유아용 콘텐츠에 미친 영향'으로 접근하면 통일성과 학술성을 지닐 수 있다. 소항목을 '1) 콘텐츠 부분 2) 유통 부분 2) 산업 부분'으로 구성하면 더욱 구체적이다.

화훼조형 작품의 확장성에 관한 연구

1. 서론
   1) 연구 배경과 목적
   2) 연구 내용과 방법

2. 이론적 고찰
   1) 화훼조형의 개념
   2) 화훼조형의 특성

3. 화훼조형의 확장성
   1) 재료의 확장
   2) 공간의 확장
   3) 시간의 확장

4. 화훼조형 작품 연구
   1) 앤디 골스워스
   2) 다니엘 오스트
   3) 니콜라이 버그만

5. 결론

진단

목차가 어느 정도 잡혔다고 할 수 있다. 전체 목차에서 '4. 화훼조형 작품 연구' 항목은 작가에 대한 부분이다. 화훼조형의 확장성을 갖게 하는 작가를 제시해 설명하려는 것으로 보인다. 문제는 작가를 확장성에 대한 사례로 제시하는 것은 바람직하지 않다. 그리고 주제에서 '확장성'이라는 표현이 무엇을 의미하는지를 정확히 파악해야 한다. 작품의 활용도가 늘어나는 것을 의미하는지, 아니면 작품의 소재를 추가하는 것을 의미하는 것인지를 명확히 할 필요가 있다. 서론에서 연구 내용과 방법은 삭제해도 상관없다.

해결 방안

우선 작가를 사례로 들고 있는데, 좀 더 쉽게 접근하려면 한 작가를 중심으로 접근하는 것이 이상적이다. 예를 들어 〈니콜라이 버그만의 작품에 나타난 화훼조형의 확장성 연구〉로 잡는 것이 한 방법이다. 그렇다면 전체 구성이 바뀌어야 한다. 현재의 구성을 살리려면 4항목은 화훼조형의 확장에 따른 활용도와 예술적 가치로 접근해도 된다. 3항목은 '화훼조형의 확장적 부분과 방법'으로 접근해도 무방하다.

7장

참고자료의 수집과 정리

1. 참고자료란 무엇인가?

참고자료란 말 그대로 연구를 수행하는 데 참고가 되는 자료를 의미한다. 참고자료는 일반 글쓰기 과정의 자료 수집에서 행하는 자료의 다른 표현이다. 글쓰기 과정에서의 자료 수집이란 표현은 다소 추상적이고 포괄적인 부분이 있다. 학술 논문 쓰기에서 자료는 원자료와 참고자료로 엄격히 구분되어야 한다. 원자료는 학술 논문의 토대가 되는 자료이고, 참고자료는 학술 논문 쓰기에 참고로 활용되는 자료이다.

참고자료의 유형은 다양하다. 참고자료는 기본적으로 온라인 자료와 오프라인 자료로 나눌 수 있다. 온라인 자료는 인터넷상의 디지털 자료이고, 오프라인 자료는 인쇄물로 된 아날로그 자료이다. 참고자료를 세부적으로 접근하면 다양한 유형이 존재한다. 참고자료는 신문이나 잡지기사에서부터 학술 논문 자료, 단행본 자료, 정부 문서 자료 등이 존재한다. 이들 자료는 거의 온라인상으로 유통되지만, 일부 자료는 인쇄물로 유통된다. 그러나 참고자료는 학술 논문을 쓰는 데 참고할 가치가 있어야 한다. 참고할 가치가 없는 자료는 아무리 좋은 자료라고 하더라도 소용이 없다. 참고할 가치가 있는 자료란 학술 논문을 쓰는 데 실질적으로 도움이 될 수 있는 자료를 의미한다. 달리 말하면 학술 논문을 쓰는 데 직간접적으로 활용할 수 있는 자료가 된다.

참고자료가 연구에 도움을 주지 않는다면 그 자료는 의미가 없다. 참고자료로서 가치가 있으려면 우선 주제와 연관된 자료여야 한다. 참고자료가 연구의 주제와 무관하다면 그런 자료는 쓸모가 없다. 주제와 무관하다면 그 자료는 아무리 많이 있다고 해도 활용할 가치가 없다. 그러므로 참고자료는 연구의 주제와 밀접하면 밀접할수록 좋은 자료이고 가치 있는 자료이다.

또 하나는 신뢰할 수 있는 자료여야 한다. 현재 우리 주변에는 수많은 자료들로 넘쳐난다. 특히 인터넷에는 수많은 자료를 유통된다. 국내는 물론 외국자료도 쉽게 접할 수 있다. 그러나 이들 자료를 모두 신뢰할 수는 없다. 신뢰할 수 있는 자료가 아니면 참고자료로 활용할 가치가 없고 유용하지도 않다. 일부 자료는 엉터리 자료일 수 있고, 어떤 자료는 거짓 내용을 담고 있을 수 있다. 신뢰할 수 있는 자료는 자료의 생산기관을 믿을 수 있는가를 판단하면 된다. 참고자료의 생산기관을 신뢰할 수 없다면 그 자료는 일단 의심하는 것이 좋다. 신뢰할 수 있는 자료는 주로 정부기관이나 대학, 언론사, 기업체 등에서 생산되는 자료가 해당된다고 봐도 무방하다. 이들 기관의 자료는 일정한 검증 과정을 거쳐 생산된다. 그러나 인터넷상의 블로그나 카페의 자료는 100% 신뢰하기에는 문제가 있다. 개인의 의견이나 주장을 정당한 근거가 아닌, 왜곡된 근거를 동원해 펼칠 수 있다. 이러한 자료의 활용은 학술 논문 자체에 문제를 일으킬 수 있다. 물론 학술 논문의 참고자료는 기존의 연구 논문이거나 단행본이 주가 된다. 그러나 이들 자료도 무조건적으로 믿을 만한 자료라고 단정하기보다 자료의 내용을 꼼꼼히 살펴보는 것이 좋다.

마지막으로 최신의 자료이어야 한다. 지금은 시대의 변화가 빠르게 이뤄진다. IT산업 분야에는 하루가 멀다하고 신기술이 등장한다. 과거의 자료는 현시류를 읽는 데 부적합할 수 있으며, 새로운 연구에 역행할 수도 있다. 학문도 시대의 변화에 따라 다르게 해석된다. 과거의 시점에 대한 연구가 아닌 이상 최신의 참고자료를 수집하는 것이 우선되어야 한다. 인문학의 경우 과거 시대의 작품이나 사조를 연구한다면 그 시대의 참고자료가 필요하다. 물론 이때에도 새로 해석된 최근의 자료가 더 중요할 수 있다. 결국 참고자료는 학술 논문에서 주장을 펼칠 때 참고하기 위한 자료이며, 참고자료가 학술 논문의 주가 될 수 없다. 다시 말하면 학술 논문 쓰기에서 참고자료는 주장이나 의견을 보완해 주는 자료라는 사실을 명심해야 한다.

2. 참고자료는 어떻게 수집하는가?

참고자료 수집의 목적은 참고자료를 찾아 직접 읽고 활용하기 위해서이다. 참고자료를 읽기 위해서는 우선 참고자료를 찾아 수집해야 한다. 참고자료를 수집할 때 우선적으로 해야 할 것은 어떤 자료가 필요한지를 파악하는 일이다. 학술 논문을 쓰기 위해 필요한 자료가 무엇이고, 어떤 자료를 구해야 하는지를 판단해야 한다. 어떤 참고자료가 필요한지는 연구 주제를 고려하면 된다. 연구 주제를 보면 어떤 참고자료가 필요한지를 어느 정도 파악할 수 있다. 연구 주제의 기초가 되는 자료가 무엇이고, 도움이 되는 자료가 무엇인지를 대략적으로 파악하는 것이 중요하다. 그리고 인터넷상에서 그 자료를 검색한다. 이때에는 학술 논문의 주제어나 핵심어를 입력하면 쉽게 찾을 수 있다. 물론 인터넷상에 검색된 모든 자료가 꼭 필요한 참고자료는 아니다. 이때에는 자료의 주제가 연구 주제와 얼마나 밀접한 관련이 있는가를 판단해야 한다. 주제와 밀접한 관련이 있으면 중요하고 유용한 참고자료가 된다.

참고자료를 찾는 방법은 두 가지이다. 하나는 인터넷상으로 검색하는 방법이고, 다른 하나의 오프라인상에서 찾는 방법이다. 그러나 참고자료를 찾을 때에는 어떤 자료가 필요한지를 분명히 파악하고 시작해야 한다. 현재 모든 자료는 인터넷으로 검색된다. 그러나 인터넷의 검색에서 충분한 자료를 찾지 못했다면 기존 학술 논문의 마지막에 제시된 〈참고문헌〉을 보면 필요한 자료를 부분적으로 찾을 수 있다.

참고자료의 수집은 참고자료를 찾으면서 바로 해도 상관이 없다. 그러나 참고자료가 필요한지를 제대로 파악하고 난 다음에 수집하는 것이 바람직하다. 또한 필요한 참고자료가 무엇인지를 검토하고 수집하는 것이 현명하다. 참고자료에 대한 기본적인 검토를 하지 않고 수집하면 금전적 손실은 물론 시간적 손실도 야기할 수 있다. 이를 방지하기 위해서는 우선 참고자료의 목록을 만든 다음 수집하는 것이 필요하다.

참고자료의 목록은 자료가 많지 않으면 굳이 만들 필요는 없다. 그러나 참고자료가 수십 개에서 수백 개가 된다면 반드시 참고자료의 목록을 만들어야 한다. 예를 들어 연구 논문을 쓸 때에는 목록을 만들 필요가 없지만, 학위 논문을 쓸 때에는 만들어야 한다. 특히 박사학위 논문을 쓸 때에는 반드시 만들어야 한다. 박사학위 논문은 참고자료가 수백 개가 될 수 있다. 이때 목록을 만들지 않으면 참고자료를 찾는 것이 고역이 된다.

참고자료의 목록은 참고자료를 찾기 시작하면서 만드는 것이 바람직하다. 나중에 목록을 따로 만들려면 참고자료를 다시 찾아야 하고, 그러다 보면 적지 않은 시간적 낭비를 초래한다.

참고자료의 목록 만들기는 두 가지로 나눌 수 있다. 하나는 참고자료의 발생 순서로 만드는 것이고, 다른 하나는 연구자 또는 필자의 이름(성) 순으로 만드는 방식이다. 참고자료의 연도별 발생이 중요하다면 첫 번째 방식을 취하면 되지만, 일반적으로는 두 번째 방식이 선호된다. 그러다 보니 대부분의 참고자료 목록은 국내 자료든 국외 자료든 연구자 또는 필자 성의 가나다순 또는 알파벳순으로 만든다.

그리고 실제로 참고자료를 수집할 때에는 온라인상에서 먼저 하고 나서 오프라인상에서 하는 것이 무난하다. 현재 대부분의 참고자료는 인터넷상에서 수집할 수 있다. 국내외에서 생산되는 모든 학술 논문의 자료는 인터넷상에 올려져 있으며, 언제든지 수집할 수 있다. 특히 국가마다 모든 학술 논문의 자료를 통합해 올려놓은 사이트도 있을 뿐만 아니라 학회에서 자체적으로 올려놓기도 한다. 그리고 온라인상에서 수집할 수 없는 자료는 오프라인상에서 찾으면 된다. 국내에서 많은 자료를 보유하고 있는 국립도서관이나 국회도서관, 대학도서관 또는 출판사나 정부기관 등을 이용하면 자료 수집에 큰 어려움이 없을 것이다.

또한 참고자료를 수집하는 순서는 참고자료의 목록에 적힌 대로 하든지 아니면 중요한 참고자료를 중심으로 해도 된다. 참고자료가 적을 때에는 중요한 자료를 중심으로 수집해도 되지만, 참고자료가 많을 때에는 목록에 적힌 순서대로 찾는 것이 도움이 된다. 그리고 참고자료가 수집되면 수집된 참고자료라는 표시를 반드시 해야 한다. 만약 수집된 참고자료를 표시하지 않으면 나중에 그 자료를 또다시 수집하는 일이 벌어진다. 수집된 참고자료를 표시하면 얼마나 많은 자료를 수집했는지도 확인할 수 있다.

〈참고자료의 찾기 방법〉

① 주제를 분석한다.
② 주제에 필요한 자료가 무엇인지를 파악한다.
③ 기초자료와 응용자료를 구분해 접근한다.
④ 실제 찾기를 한다.

〈참고자료의 찾기 순서〉

가. 기초자료를 먼저 찾는다.

기본 개념이나 현황에 관한 자료가 된다. 기본 개론을 담고 있는 단행본이 주가 된다.

나. 응용자료를 찾는다.

응용자료는 원자료를 해석한 자료이다. 주로 학술 논문이 주가 된다.

다. 확장된 자료를 찾는다.

응용자료보다 더 확장된 자료이다. 주제와 많이 관련되지 않더라도 연구 수행에 필요한 자료가 된다.

3. 참고자료의 읽기는 어떻게 하는가?

참고자료의 읽기는 자료를 수집하면서 진행할 수 있으나 참고자료를 우선적으로 모두 수집하고 난 다음 읽기를 시작하는 것이 바람직하다. 참고자료를 수집하는 이유는 다른 연구자들의 주장이나 근거를 참고하기 위해서다. 참고자료의 내용 가운데 주장을 펼치는 데 필요한 근거가 있는지를 찾거나 기존에 어떤 주장을 펼치고 있는지를 확인하기 위해 참고자료를 수집한다.

참고자료의 읽기는 중요한 자료에서 중요하지 않은 자료의 순으로 진행하는 것이 좋다. 중요한 자료란 주제와 밀접한 관련이 있는 자료를 말한다. 어떻게 보면 연구의 기초가 되는 자료라고 할 수 있다. 그리고 중요하지 않은 자료의 순으로 읽으면 자료의 읽기에 속도가 생긴다. 중요한 자료의 경우 필요하면 꼼꼼하게 읽는 것이 좋다. 이때에는 참고자료에서 어떤 주장을 하고, 그 주장의 근거로 어떤 내용을 동원하고 있는지를 파악한다. 그리고 주장에서 원자료의 내용을 정확히 활용하고 있는지도 확인할 필요가 있다. 이때 중요한 것은 원자료의 내용을 정확히 알고 있어야 한다는 점이다. 원자료를 대충 읽고 대략적인 감으로 참고자료를 읽으면 어떤 내용이 잘못되었고 어떤 주장이 문제가 되는지를 파악할 수 없다.

참고자료는 나름대로 가치가 있지만, 참고자료의 내용이 모두 타당한 것은 아니다. 일부 참고자료는 주장의 타당성이 떨어질 수 있고, 일부 참고자료는 주장이 터무니없을 수도 있다. 참고자료의 내용을 100% 완벽하고 타당하다고 생각하는 것은 금물이다. 참고자료에서의 주장을 그대로 수용할 필요도 없다. 참고자료는 자료 생산자의 의견일 뿐이며, 그 의견에 동의할 수도 있고 동의하지 않을 수도 있다. 참고자료의 주장이 틀렸거나 잘못되었다고 주장할 수 있으면 있을수록 좋은 학술 논문이 된다.

참고자료는 한마디로 비판적으로 읽어야 한다. 참고자료의 내용을 맹목적으로 수용하면 참고자료의 읽기 목적을 상실하게 된다. 참고자료를 접할 때 우선 '내용이 타당한가? 내용이 모순되지 않는가? 주장이 설득적이고 일관성이 있는가?' 등을 확인하는 것이 좋다. 내용이 모순되면 왜 모순되는지, 그렇다면 어떻게 다시 서술할 수 있는지를 고려해 보는 것이 도움이 된다. 주장이 설득력을 갖지 못한다면 무엇 때문인지, 그리고 그 주장이 타당한지도 다시 한 번 생각해 보는 것이 논의의 깊이를 더한다. 특히 학술 논문에서 펼칠 주장과 동일한 주장도 유용하지만, 반대되는 주장을 찾는 것도 바람직하다.

일반적으로 참고자료를 읽을 때 자신의 주장과 일치하는 것만을 찾으려는 경향이 있다. 그러나 자신의 주장과 반대되는 주장을 찾아 활용하면 글의 내용이 충실해지고, 자신의 주장이 더 많은 설득력을 갖는다. 흔히 주장을 일사불란하게 하기보다 반대 주장을 끌어들여 그 주장을 뒤집으면 더 강한 주장이 되고 설득력이 있는 주장이 된다. 참고자료를 읽을 때 자신과 반대의 주장을 펼치는 자료일수록 꼼꼼히 읽고 그 주장을 뒤집으려는 노력을 하는 것이 좋다.

참고자료의 읽기는 어디까지나 학술 논문에서 서술하고자 하는 주장이나 근거를 보완하기 위해서이고, 참고자료의 내용이 학술 논문의 중심이 되어서는 안 된다. 학술 논문의 마지막 부분에 참고한 자료를 제시하는 〈참고문헌〉란이 있다. 참고문헌은 말 그대로 글을 쓰는 데 참고한 문헌을 말하는 것이지, 참고문헌을 중심으로 글을 쓰라는 것이 아니라는 점이다.

일부에서는 가끔 문학작품을 해석할 때 역량이 부족하면 참고자료를 중심으로 작품을 해석하라는 주문을 하는 경우가 있다. 이러한 주문은 절대 바람직하지 않다. 참고자료는 어디까지나 참고할 자료에 지나지 않을 뿐, 중심이 되어서는 안 된다. 참고자료가 중심이 되면 그 학술 논문은 독창적인 것이 될 수 없고, 다른 연구자의 주장을 답습하는 데 지나지 않는다고 할 수 있다. 어찌 보면 학술 논문으로서의 가치가 없다고도 할 수 있다.

〈국내의 주요 참고자료 수집 사이트〉

- 국가전자도서관 www.dlibrary.go.kr
- 국립중앙도서관 www.nl.go.kr
- 한국학술정보 www.kstudy.com
- 한국교육학술정보원 www.keris.or.kr
- 누리미디어 www.nurimedia.co.kr
- 국회도서관 www.nanet.go.kr
- 학술교육원 www.earticle.net

4. 참고자료의 정리는 어떻게 하는가?

참고자료를 정리하는 목적은 자료의 효율적인 활용을 위해서이다. 글쓰기를 할 때 참고자료를 읽고 활용하는 일이 적지 않다. 그러나 적은 분량의 글을 쓸 때에는 참고자료를 읽고 굳이 정리할 필요는 없다. 그런데 학술 논문을 쓸 때에는 참고자료를 읽고 정리해야 한다. 특히 학술 논문은 많은 분량의 글을 쓰다 보니 다른 자료를 참고하고, 자신의 주장과 동일한 주장이나 다른 주장을 찾아 자신의 주장을 합리화해야 한다. 이때 다른 연구자의 의견이 담긴 자료가 필요한 것이다.

참고자료의 정리는 읽기와 동시에 진행하는 것이 좋다. 참고자료를 읽다 보면 수많은 내용이 펼쳐진다. 참고자료가 어떤 주장을 펼치고 어떤 근거를 사용하고 있는지 대략적으로 아는 것은 소용이 없다. 참고자료에서 활용할 부분이 무엇이며, 활용하지 않고 그냥 지나쳐야 할 부분이 무엇인지를 선별해야 한다. 그리고 활용할 부분이 있으면 적는 것이 이상적이다. 참고자료를 읽을 때 적지 않고 그냥 읽으면 나중에 그 자료를 직접 활용하고자 할 때 다시 읽거나 들춰야 하는 일이 발생한다. 이렇게 되면 효과적인 글쓰기를 할 수 없다. 참고자료는 한 번 읽으면 더 이상 읽지 않겠다는 자세로 접근해야 한다. 한 번 읽은 참고자료를 다시 읽고 또다시 읽는 일은 시간적인 낭비가 된다.

참고자료의 정리는 현재 온라인상과 오프라인상으로 할 수 있다. 온라인상은 컴퓨터상에 정리하는 방법이고, 오프라인상은 노트나 카드로 정리하는 방법이다. 두 방법 모두 장단점이 있다. 컴퓨터로 정리할 때에는 정리하기 쉽고 활용하기가 용이하다. 컴퓨터상에 정리하면 참고자료의 필요한 부분을 복사해 붙여넣기만 하면 된다. 그러나 컴퓨터상의 정리는 자료의 양이 많으면 활용도가 문제가 된다. 정리한 참고자료의 양이 지나치게 많으면 그것이 또 하나의 커다란 자료가 된다. 정리한 내용에서 필요한 부분을 쉽게 확인하면 활용하기 쉽지만, 많은 양의 참고자료가 정리돼 있으면 필요한 내용을 찾기 어렵고 그러다 보면 적지 않은 불편함이 초래된다. 현재 대부분의 참고자료는 컴퓨터상으로 정리되는 경향이 있지만, 그 자체가 또 다른 복잡한 자료가 되는 것은 결코 바람직하지 않다.

노트와 카드 정리는 아날로그 방법이다. 참고자료의 중요한 부분을 일일이

노트 또는 카드에 정리하는 방법인데, 이 또한 나름대로 장단점이 있다. 노트와 카드 정리는 참고자료를 정리하는 데 시간이 적지 않게 소요된다. 그러나 활용할 때에는 효과성을 발휘한다. 특히 학술 논문을 쓸 때 전개하고자 하는 내용을 일목요연하게 파악할 수 있다. 더구나 참고자료의 정리 내용을 장기간 또는 지속적으로 활용하고자 한다면 카드 정리가 가장 이상적이다. 내 경험으로 볼 때 카드 정리를 하면 그것이 하나의 소중한 자산이 될 수 있고, 카드 정리가 된 자료는 나중에 필요할 때에도 다시 찾아 읽지 않아도 된다.

카드 정리의 또 하나 이점은 수많은 자료를 읽더라도 항목의 주제별로 분류할 수 있다. 20개 자료를 읽었다고 하면 항목의 주제에 대한 정리 카드가 20개 이상 나올 수 있다. 카드 정리가 잘되었다면 항목을 서술할 때 20개 카드의 내용을 개괄적으로 읽고 파악한 상태에서 할 수 있으며, 또 필요하다면 카드에 적힌 자료의 내용을 원문 그대로 사용하거나 요약해 전개하면 된다. 만약 직접 인용을 하고자 한다면 카드에 정리된 자료의 원문 내용을 그대로 적고 하단의 서지사항을 제시하면 간단하게 마무리할 수 있다.

카드 정리를 할 때에는 카드의 상단에 항목의 주제를 적고, 카드 본 칸에는 정리할 자료의 내용을 원문 그대로 적어야 한다. 그리고 하단에는 자료의 서지사항을 적어야 한다.

또한 카드 정리를 할 때에는 한 장에 한 주제(항목)만 적어야 한다. 한 장에 여러 항목의 내용을 함께 정리하면 정리한 자료를 효과적으로 확인하기 어렵고, 그러다 보면 글쓰기를 수월하게 할 수 없다. 카드 하단의 서지사항에는 저자명과 자료명, 출판사, 출간연도, 페이지까지 기록해야 한다.

〈참고자료의 정리 유형〉

가. 카드 정리

- 정리하는 데 시간이 걸린다.
- 정리된 자료의 내용 파악이 쉽다.
- 자료가 많아도 보기 쉽다.

나. 컴퓨터상 정리

- 정리하기가 쉽다.
- 활용하기 편리하다.
- 자료가 많으면 보기 어렵다.

참고자료의 정리 방식은 여러 가지가 있다. 첫째는 원문 인용 방식이다. 원문 인용 방식은 원문을 그대로 갖고 와 정리하는 방식이다. 이것은 연구에 직접적으로 활용하기 위한 방법이다. 또 하나는 요약 방식이다. 자료의 내용을 요약적으로 정리하는 방식을 의미한다. 이는 자료의 내용을 이해한 것을 토대로 자신의 언어로 정리하는 방식이다. 마지막으로 의견 추가 방식이 있다. 의견 추가 방식은 읽은 자료에 대한 부분의 생각과 의견을 서술하는 방식이다. 자료 정리 방식은 어떠한 목적으로 활용할 것인가에 따라 다르게 할 수 있지만, 가장 이상적인 방식은 원문 인용 방식이다. 요약 방식이나 의견 추가 방식은 활용도가 떨어질 수 있다.

카드 정리 시 원문 그대로 정리하면 글을 쓸 때 정리한 참고자료를 보고 요약할 수 있고, 의견을 추가할 수도 있다. 원문을 그대로 인용해야 하는 이유는 학술 논문 쓰기를 할 때 직접 인용하거나 간접 인용해야 하기 때문이다. 직접 인용할 때에는 자료에 적힌 쉼표나 맞춤법이 틀린 것도 고쳐서는 안 된다. 하지만 간접 인용을 할 때에는 자료의 내용을 자신의 표현으로 바꿔도 상관이 없다. 또 그렇게 하는 것이 간접 인용이다. 직접 인용을 하고자 한다면 요약 방식으로 했을 때에는 참고자료를 다시 찾아야 하고, 그러다 보면 시간적인 낭비가 엄청나게 발생한다.

〈참고자료의 정리 방식〉

가. 원문 인용 방식
- 자료의 원문을 그대로 갖고 옴
- 연구에 직접 활용이 목적임

나. 요약 방식
- 자료의 핵심 내용을 요약함
- 연구에 간접 활용이 목적임

다. 의견 추가 방식
- 자료의 내용에 생각과 의견을 보탬
- 연구에 간접활용이 목적임

✚ 참고자료 정리 예시

국내 자료

변론가의 의미

진실한 설득 방법과 눈비음만의 설득 방법을 확인하는 것 역시 변론법의 역할이다. 이 점 변증법의 경우 진실한 추론과 눈비음만의 추론을 확인하는 것이 동일한 그 지식의 역할인 것과 마찬가지이다. 언론의 궤변인지 여부는 기술 그 자체만에 의한 것이 아니고 논장의 의도에 의해 결정된다. 더욱이 변론법에 있어 지식에 기초해 논한 사람도 변론가이며 어떤 의도를 밑에 깔고 언론하는 사람도 변론가가 되지만, 변증법의 경우 어떤 의도를 밑에 깔고 언론하는 것은 궤변론자이고, 아무런 의도 없이 단지 기술 본연의 역할에 따라 언론하는 사람이 변증가라는 차이가 있다.

– 아리스토텔레스, 『아리스토텔레스의 레토릭: 설득의 변론 기술』, 전영우 옮김, 민지사, 2009, 35쪽.

외국 자료

수학적 상징 의미

In Scientific and technical works, mathematical symbols and quantities are presented in particular ways, with distictive typefaces. These convention have two benefits. They set off the mathematical material from the accompanying text, improving the visual effect. In addition, they speed the experienced reader's understanding of the mathematics.

– Philip Rubens(Editor), *Science & Technical Writing*, New York, 2001, p. 183.

⇒ 상단에는 목차 항목의 제목을 적고, 중앙에는 참고자료의 원문을 있는 그대로 적는다. 그리고 하단에는 출처를 정확히 적는다. 이때에는 반드시 페이지도 명기해야 한다.

8장

목차의 수정과 완성

1. 목차의 수정은 왜 하는가?

목차의 수정은 목차에서 잘못된 부분을 고치는 작업이다. 학술 논문에서 목차가 단번에 완벽하게 잡힌다면 그보다 더 바람직한 일은 없다. 그러나 목차를 잡는다는 것은 그리 간단하지 않다. 특히 학술 논문은 일반 글과는 달리 목차가 다소 복잡하게 구성된다. 그러다 보면 원자료를 읽고 분석한 다음 목차를 잡았다고 하더라도 부분적으로 미흡할 수 있고, 미처 생각하지 못한 항목을 추가해야 할 필요도 있다. 이때에는 목차를 수정해야 한다.

목차를 수정하는 이유는 목차를 완벽하게 구성하고 글쓰기를 하기 위해서이다. 목차가 완벽히 구성되지 않은 상태에서 학술 논문을 쓰는 것은 바람직하지 않다. 목차가 완벽하게 잡혔다면 문제가 되지 않는다. 목차에서 미흡한 부분이 있으면 수정해야 한다. 학술 논문 쓰기를 실제로 하려면 목차를 완벽하게 잡아야 한다. 글쓰기를 시작하기 전에 목차를 완벽하게 구성해야 글쓰기의 효율성을 높일 수 있고, 내용 또한 체계적으로 담아낼 수 있다.

학술 논문에서는 목차가 복잡하면 복잡할수록 수정할 부분이 많아지고, 목차가 단순하면 단순할수록 수정할 부분이 적어진다. 예를 들어 자연과학의 실험 논문에서는 목차를 수정하는 일이 거의 없다. 자연과학 분야의 실험 논문의 목차는 IMRAD 방식으로 구성된다. 그리고 사회과학 분야의 설문조사를 통한 학술 논문도 목차가 많이 수정되지 않는다. 물론 학술 논문의 주제에 따라 다르겠지만, 목차 수정이 비교적 많이 행해지는 학문 분야는 인문학 분야이다. 인문학 분야의 학술 논문 목차는 자연과학 분야의 학술 논문에 비해 복잡하게 구성된다. 그리고 목차에서 추가해야 할 항목이 나중에서야 파악되는 일이 종종 있다. 그러다 보면 목차를 수정할 수밖에 없다.

목차는 학술 논문의 얼굴이다. 학술 논문을 평가할 때 가장 먼저 고려되는 것이 목차이다. 목차가 얼마나 논리적이고 충실하게 구성되었는가에 따라 학술 논문의 질이 다르게 평가된다. 또한 목차를 보면 학술 논문이 논리적으로 구성되었는지, 충실하게 작성되었는지를 어느 정도 파악할 수 있다. 목차가 논리적이고 충실하게 구성되면 내용 또한 그럴 확률이 높다. 그래서 목차가 얼마나 체계적으로 잘 구성되었는가가 학술 논문 평가에서 중요한 요소로 고려된다.

목차의 일차적인 구성은 원자료를 읽고 분석한 다음에 이뤄져야 하지만 참고자료를 읽다 보면 기존의 목차에서 추가하거나 부분적으로 수정해야 할 일이 생긴다. 이때에는 연구 결과를 충실히 도출하는 데 필요한 항목이 있으면 목차에 추가해야 한다.

목차의 수정은 원자료뿐만 아니라 참고자료의 내용을 종합적으로 판단할 수 있는 상황에서 이뤄져야 한다. 그렇지 않은 상태에서 목차를 수정하면 목차를 완결 짓기가 어렵고, 목차 수정도 제대로 할 수 없다.

목차를 수정할 때에는 기존의 목차에서 필요한 항목이 과연 무엇이고, 필요하지 않은 항목이 무엇인지를 파악하는 일이 우선이다. 연구의 목적에 어떤 항목이 필요하고, 필요하지 않은 항목이 무엇인지를 확인해야 한다. 이때에는 무엇보다 연구자의 입장보다 독자의 입장에서 판단하는 것이 적지 않은 도움을 준다.

2. 목차의 수정은 어떻게 하는가?

목차의 수정은 우선 기존에 잡은 목차가 체계적으로 이뤄져 있는지를 확인하고, 거기서 부분적으로 해야 한다. 목차의 수정은 크게 거시적 관점과 미시적 관점으로 나눌 수 있다. 거시적 관점은 큰 항목의 목차가 제대로 구성되었는지를 확인하는 작업이고, 미시적 관점은 세부적인 항목이 큰 항목의 충분한 근거가 될 수 있는지를 확인하는 작업이다. 목차의 수정에서 큰 항목의 수정보다 작은 항목의 수정이 적지 않게 이뤄지는 경향이 있다. 큰 항목은 원자료를 읽고 분석한 다음 어떤 것이 요구되는지를 대략적으로 파악할 수 있다. 그리고 학술 논문의 기본 틀은 서론과 본론, 결론으로 구성되지만 서론과 결론의 수정은 거의 이뤄지지 않는다. 문제는 본론의 항목을 추가하거나 수정하는 일이다. 본론의 항목을 수정할 때에는 우선 학술 논문의 주제에 필요한 내용을 충분히 담고 있는지, 그리고 추가적 항목이 필요한지를 파악하는 일이다. 그리고 필요한 항목이 있으면 추가하고, 기존의 목차에서 불필요한 항목이 있으면 삭제하면 된다. 이때의 기준은 학술 논문의 주제를 고려하고, 주제에 필요한 항목이면 추가하고 그렇지 않으면 삭제한다.

그다음으로 진행해야 할 부분은 큰 항목의 하위 항목 구성을 확인하는 작업이다. 하위 항목은 큰 항목의 근거가 되는 내용이다. 하위 항목이 큰 항목의 근거로 충분한지, 그리고 꼭 담겨야 할 내용이 누락되었는지를 확인한다. 그리고 이때 하위 항목을 지나치게 많이 만드는 것은 바람직하지 않다. 꼭 필요하지 않은 내용의 항목을 추가하는 것은 목차의 틀 자체를 흩트릴 수 있다.

목차의 수정에서 필요한 항목과 필요하지 않은 항목의 판단은 연구자의 재량이지만, 연구자의 입장이 아니라 독자의 입장에서 판단하면 어느 정도 파악할 수 있다. 글쓰기는 필자가 일방적으로 하는 것이 아니다. 글쓰기는 독자가 알고 싶어 하는 내용이 무엇인지, 그리고 어떠한 부분에 대해 궁금해하는지를 판단하고 그 내용을 담아내는 것이 중요하다. 달리 말하면 글쓰기는 필자와 독자와의 소통행위이고, 둘 간의 소통이 원활하게 잘 이뤄지려면 필자가 독자를 고려한 글쓰기를 해야 한다.

목차의 수정에서 기존 학술 논문의 목차를 부분적으로 참고하는 것도 한 가지 방법이다. 기존 학술 논문의 목차를 참고할 때에는 유사한 주제로 접근하거나 유사한 연구 방식으로 수행한 학술 논문을 대상으로 삼는 것이 좋다. 학술 논문의 주제와 완전히 다르거나 연구 방식이 다른 학술 논문을 참조하면 창의적 발상은 가능할 수 있지만, 목차의 구성을 제대로 이해하지 못하면 혼란을 가져올 수 있다.

흔히 창조는 제2의 모방이라고 한다. 하지만 모방은 기존의 것을 참고해 기존의 것보다 더 좋은 것을 만든다는 것을 전제한다. 기존의 것과 동일하게 만들면 그것은 표절이 되고 새로운 가치를 부여받을 수 없다. 흔히 말하는 재탕을 하는 꼴이다.

기존의 학술 논문의 목차를 참고할 때에는 학술 논문의 주제에 어떤 내용을 항목으로 담고 있으며, 하위 항목 또한 어떻게 구성하고 있는지를 검토하고 응용해야 한다. 물론 이때에는 기존 학술 논문의 목차를 참고만 할 뿐, 그대로 모방하는 일이 있어서는 절대로 안 된다. 기존 학술 논문의 목차가 완벽하고 잘 구성되었다는 생각을 할 때도 있다. 그러나 그것은 어디까지나 그 학술 논문의 목차일 뿐이다. 학술 논문의 목차는 차별적으로 구성해야 한다. 그것이 바로 창의적 학술 논문을 쓰는 지름길이다. 결국 학술 논문의 목차를 완결 짓기 위해서는 원자료와 참고자료를 충분히 읽고 내용을 파악한 다음 학술 논문의 주제에 꼭 필요한 내용이 무엇인지를 다시 한 번 파악하고, 거기에 합당하다고 판단되는 내용을 목차의 항목에 추가하거나 수정하면 된다고 할 수 있다.

〈목차 수정의 순서〉

① 우선 전체 구성이 논리적으로 펼쳐져 있는지를 확인한다.
② 상위 항목이 연구 결과를 제대로 도출할 수 있는지를 판단한다.
③ 하위 항목의 구성이 상위 항목의 내용을 제대로 뒷받침하고 있는지를 판단한다.
④ 필요하지 않은 항목이 있는지를 파악한다.
⑤ 필요한 항목이 무엇이며, 어디에 배치해야 하는지를 고려한다.
⑥ 전체 구성에서 추가할 항목이 더 이상 없는지 최종 확인한다.

3. 목차의 완성하기에서 확인해야 할 사항은?

학술 논문에서 목차는 글 전체의 뼈대와 같은 구실을 한다. 목차가 완벽하게 구성되면 학술 논문 쓰기의 절반은 성공했다고 볼 수 있다. 학술 논문의 내용을 전개하면서 목차를 부분적으로 수정할 수 있지만, 글쓰기 전에 목차를 완벽하게 구성하는 것이 내용의 체계적이고 효율적인 전개를 보장한다고 할 수 있다.

학술 논문에서 목차를 잡는 것은 많은 분량의 글을 효율적으로 쓰기 위해서이다. 많은 분량의 글을 쓸 때 목차를 구성하지 않으면 내용의 중복을 가져올 뿐만 아니라 내용을 적절한 위치에 배치하기도 어렵다. 글의 앞부분에서 언급한 내용을 뒷부분에서 다시 언급하고, 본론의 앞부분에서 언급해야 할 내용을 본론의 마지막 부분에 배치하는 일이 빚어진다. 또한 학술 논문 쓰기는 서론과 본론, 결론의 순으로 진행되지 않는다. 물론 예외는 있을 수 있지만, 학술 논문은 한꺼번에 쓰기보다는 목차의 항목에 따라 하나씩 쓰는 경우가 일반적이다. 이때 목차의 구성이 완벽하지 않다면 일부 글을 삭제하거나 버려야 하는 일이 발생한다. 그러나 연구자의 입장에서 보면 쓴 내용을 삭제하거나 버리는 것을 아까워하거나 꺼린다. 심지어 학술 논문의 어딘가에 사용해야겠다고 생각한다. 그러다 보면 항목에 맞지 않는 내용이 되고 논리에도 맞지 않는다. 심하게는 그 내용을 사용하기 위해 목차를 수정하는 일도 서슴지 않는다. 달리 말하면 목차를 우선적으로 잡고 글을 쓰는 것이 아니라 글을 쓴 다음 목차를 잡는 꼴이 된다. 그러면 목차의 전체 구성이 문제가 되고 비논리적인 구성이 된다.

글을 쓸 때에는 주제에 합당한 내용만을 담아내야 한다. 주제에 맞지 않는 내용을 담으면 주제를 제대로 도출할 수 없고 비논리적인 글이 된다. 글의 주제는 글의 중심에 자리 잡고 있다. 거기에 부연적인 내용을 덧붙이는 것이 글쓰기의 기본이다. 그러나 부연적인 내용이 주제에서 벗어나면 글 자체가 문제가 된다. 학술 논문 쓰기도 마찬가지이다. 학술 논문의 주제에 합당하지 않은 내용을 담게 되면 주제에서 벗어나는 글이 되고, 심지어 주제가 무엇인가에 대한 의문을 갖게 만든다.

학술 논문의 목차 완성하기에서 최종적으로 확인해야 할 사항은 목차가 논리적으로 구성되어 있는가 하는 점이다. 목차의 큰 항목은 큰 항목끼리, 작은 항목은 작은 항목끼리 논리적으로 연결되어야 하고, 항목과 항목 간의 연결도 자연스럽지 않으면 목차 구성이 제대로 되었다고 할 수 없다.

학술 논문의 목차는 대개 항아리 형태로 구성된다. 첫 부분은 항아리의 입구가 되고, 가운뎃부분은 항아리의 몸체가 된다. 그리고 마지막 부분은 항아리의 밑 부분이 된다. 항아리는 외형적으로 보면 유연한 곡선으로 자연스럽게 연결되어 있다. 그리고 윗부분의 폭이 얇고, 하단으로 내려갈수록 폭이 두터워지고, 맨 밑 부분에서는 다시 얇아지는 꼴을 취한다. 학술 논문의 목차 흐름도 항목 간 연결이 항아리의 모양처럼 자연스러운지를 확인하는 것이 중요하다.

그다음에는 항목이 균형적으로 구성되고 있는지를 확인한다. 특히 큰 항목의 하위 항목들이 서로 균형적으로 구성되었는지를 파악해야 한다. 전체 하위 항목의 구성이 균형적이지 않고 일부 하위 항목이 지나치게 많이 나열되거나 하위 항목을 세분화해 하위 항목에 따른 소하위 항목을 복잡하게 나열하는 것은 바람직하지 않다. 소하위 항목이 다른 소하위 항목과 균형적으로 구성되었다면 문제가 없지만, 목차 자체만 놓고 보았을 때 전체 항목들이 균형적으로 이뤄지지 않았다면 수정하는 작업을 하는 것도 필요하다.

마지막으로 항목의 제목이 적절한지를 확인해야 한다. 항목의 제목은 화제, 즉 핵심구로 이뤄진다. 항목의 제목이 항목에서 쓰고자 하는 내용을 핵심적으로 요약해 표현하고 있는지를 확인해야 한다. 그리고 큰 항목의 제목이 여러 개의 하위 항목을 포괄할 수 있는 표현인지도 파악해야 한다. 그리고 항목의 제목이 복잡하거나 장황한 것도 바람직하지 않다. 가급적 간결하고 짧게 표현하는 것이 바람직하다.

✚ 목차 수정 사례

영화 〈워낭소리〉를 활용한 글쓰기 교육 연구

- 수정 전

1. 서론

2. 영화 〈워낭소리〉의 텍스트로서의 특징
   1) 영화 〈워낭소리〉의 개요
   2) 영화 〈워낭소리〉의 특징

3. 수업 진행과 영화 〈워낭소리〉 활용
   1) 수업 진행 방법
   2) 영화 〈워낭소리〉의 활용

4. 영화 〈워낭소리〉의 읽기와 쓰기
   1) 영화 〈워낭소리〉의 읽기
   2) 영화 〈워낭소리〉의 쓰기

5. 영화 〈워낭소리〉를 활용한 글쓰기 효과

6. 결론

– 수정 후

1. 들어가며

2. 영화 〈워낭소리〉의 텍스트로서의 특징

3. 수업 진행과 영화 〈워낭소리〉 활용
   1) 수업 진행 방식
   2) 영화 〈워낭소리〉의 활용

4. 영화 〈워낭소리〉의 읽기와 쓰기
   1) 영화 〈워낭소리〉의 읽기
   2) 영화 〈워낭소리〉의 쓰기

5. 영화 〈워낭소리〉를 활용한 글쓰기 효과
   1) 구성적 측면
   2) 내용적 측면
   3) 표현적 측면

6. 나가며

⇒ 처음 목차에서는 다소 간단하게 잡은 측면이 있다. 그리고 하위 항목이 상위 항목에 대한 적절한 근거가 되지 못하고 있다. 2. 영화 〈워낭소리〉의 텍스트로서의 특징 1) 영화 〈워낭소리〉의 개요 2) 영화 〈워낭소리〉의 특징이라는 하위 항목으로 나누는 것은 썩 바람직하지 않다. 하위 항목을 분리하고 있으나 마땅히 쓸 내용도 충분하지 않다. 차라리 하위 항목을 삭제하는 것이 좋다. 그리고 5. 영화 〈워낭소리〉를 활용한 글쓰기 효과에서는 하위 항목을 세부적으로 만들 필요가 있다. 여기서는 1) 구성적 측면 2) 내용적 측면 3) 표현적 측면이라는 하위 항목을 추가하는 것이 좋다.

9장

글쓰기와 참고자료의 활용

1. 글쓰기는 어떻게 하는가?

1) 글쓰기 전에 체크해야 할 사항은?

학술 논문은 머릿속의 생각과 주장만으로 쓸 수 없다. 글의 내용 또한 학술적으로 접근해야 한다. 학술적으로 접근한다는 의미는 하나의 주장을 논하더라도 다양한 근거를 마련해 그 주장이 학술적 타당성을 가져야 한다는 것을 말한다. 학술 논문을 본격적으로 쓰기 전에 반드시 지켜야 할 사항이 있다. 학술 논문을 쓰기 위해서는 다양한 부분이 요구되지만, 우선 학술 논문의 주제에 대해 완벽하게 이해해야 한다. 어떤 유형의 글이든 주제는 글의 중심 내용이 된다. 글을 쓸 때 주제를 충분하게 이해한 것과 그렇지 않은 것은 엄청난 차이가 난다. 주제에 대해 깊이 있게 이해하면 어떤 내용을 담아내야 할지를 알 수 있지만, 주제를 제대로 이해하지 못하면 어떤 내용을 담아내야 할지를 모른다. 그러다 보면 주제에 합당한 내용을 담는 글이 되지 못하고 주제와 내용이 따로 노는 글이 되며 학술 논문 쓰기가 하나의 고역이자 고통으로 다가온다. 학술 논문 또한 예외가 아니다. 학술 논문의 주제는 일반 글의 주제보다 더 포괄적이고, 내용의 도출 또한 쉽지 않다.

또 하나는 내용에 대한 완벽한 파악이 전제되어야 한다. 일반 글쓰기에서도 내용을 완벽하게 파악하는 것이 중요하다. 쓰고자 하는 내용을 완벽하게 파악하면 소위 말하는 자기만의 글쓰기가 되고 자기의 개성을 발휘한 글이 된다. 내용을 어설프게 파악하면 자신만의 글이 될 수 없다. 다른 사람의 의견이나 지식에 부화뇌동하고, 그러다 보면 다른 사람의 글을 추종하는 글이 되고 만다.

학술 논문 쓰기에서 내용에 대한 완벽한 파악은 일반 글보다 더욱 중요하다. 학술 논문은 연구자의 지식이나 주장만으로 쓸 수 없다. 다른 연구자의 지식이나 의견을 활용해야 한다. 그렇다고 다른 연구자의 지식이나 의견을 무조건적으로 활용해서는 안 된다. 정확하고 옳은지도 판단해야 한다. 이때에는 주제의 내용에 대한 완벽한 파악이 선결되어야 한다. 학술 논문의 전체 내용을 완벽하게 파악하는 것도 중요하지만, 항목별 내용에 대한 파악도 중요하다. 학술 논문은 항목별로 내용이 전개되는 것이 일반적이다. 항목의 내용에 대한 완벽한 파악이 전제되지 않으면 제대로 쓸 수 없다.

기사 작성을 할 때 "기사에서 말하고자 하는 것을 알게 될 때까지 쓰지 말라"는 말이 있다. 기사에서 무엇을 말하고자 하는지를 알지 못한 상태에서 글을 쓴다는 것은 그 기사를 자신의 글로 요리할 수 없다는 소리와 별반 다르지 않다. 하나의 요리를 하더라도 그 요리에 대한 특징과 레시피를 완벽하게 파악하면 자신의 방식대로 요리할 수 있다. 그렇지 않으면 요리를 하는 것이 서툴고 요리의 특징을 잘 드러내지 못하게 된다. 이를 고려하면 학술 논문을 쓰기 전에 무엇을 해야 할지를 알 수 있다.

글쓰기의 3박자로 흔히 배경지식과 사고력, 표현력을 일컫는다. 배경지식은 주제에 대한 지식을 말하고, 사고력은 생각할 수 있는 힘을 말하며, 표현력은 내용을 표현하는 능력을 의미한다. 글쓰기에서는 세 가지 요소가 모두 중요하지만, 여기서 가장 중요한 것은 배경지식이다. 배경지식이 풍부하면 사고력과 표현력이 자생적으로 생길 수 있다. 그리고 배경지식이 풍부해야 자신의 글을 쓸 수 있다. 학술 논문 쓰기에서도 마찬가지이다. 학술 논문의 주제에 대한 배경지식을 충분히 가지고 있다면 자신의 논리로 주장을 펼칠 수 있고 자신의 개성 있는 글을 생산할 수 있다.

예를 들면 자신이 알고 있는 상대가 있다고 하자. 그 사람에 대한 평가는 사람마다 다를 수 있다. 어떤 사람은 좋게 평가하고 어떤 사람은 나쁘게 평가한다. 그러나 그 사람에 대해 완벽하게 알고 있으면 다른 사람의 평가에 대해 옳고 그름을 알 수 있을 뿐만 아니라 어느 부분의 평가가 제대로 되었고, 잘못되었는지를 파악할 수 있다. 학술 논문 쓰기도 동일한 맥락에서 바라봐야 한다. 연구자가 항목별로 쓰고자 하는 내용을 완벽하게 파악한다면 어떤 내용을 어떻게 담아내야 할지를 알게 되지만, 그렇지 않으면 어떤 내용을 어떻게 담아야 할지에 대한 고민에 빠지게 된다.

2) 글쓰기의 방법은?

학술 논문 쓰기는 연구 결과를 충분히 파악하고 난 다음 시작해야 한다. 연구에서 어떤 내용을 도출하고자 했는지를 우선적으로 판단해야 한다. 그리고 목차의 항목을 선별해서 쓰는 것이 이상적이다. 학술 논문은 글의 분량이 많고, 한꺼번에 죽 써내려가는 것은 불가능하다. 학술 논문에서는 담아야 할 내용이 많을 뿐만 아니라 단순히 알고 있는 지식만으로 내용을 전개할 수도 없다. 주장에 대한 타당한 근거를 마련해야 하고, 그 주장이 수용될 수 있도록 설득력 있게 써야 한다. 그러다 보니 아무리 연구 능력과 글쓰기 능력을 가졌다고 할지라도 한 번에 일사천리로 써내려가는 것은 쉽지 않다. 물론 자연과학 분야의 실험 논문은 어느 정도 가능하다. 실험 논문은 우선 분량이 많지 않고, 내용 또한 정해진 방식에 따라 전개하면 된다. 그리고 자연과학 분야의 실험 논문은 객관적인 사실을 논리적으로 전개하면 된다. 그러나 인문학 분야의 논문은 객관적 사실을 토대로 연구자의 의견이나 주관을 보태어 전개해야 하기에 쓰기가 수월하지 않다.

학술 논문을 효율적으로 쓰려면 우선 전체 목차 구성에 따라 항목별로 몇 쪽 분량으로 써야 할지를 고려하는 것이 좋다. 학술 논문에서 서론과 결론은 학문 분야별로 큰 차이는 없으나 본론은 학문 분야에 따라 세부적으로 나뉘진다. 항목별로 몇 쪽을 할애할 것인지를 우선적으로 고려하고, 거기서 분량을 융통성 있게 조절해 서술하는 것이 바람직하다. 예를 들어 서론은 2쪽, 본론의 이론적 배경은 3쪽, 결론은 2쪽의 분량으로 할당한다. 그리고 내용을 전개한다. 항목의 내용을 전개할 때에는 어떤 내용을 쓸 것인지를 다시 윤곽적으로 구성하고 전개하는 것이 효율적이다. 항목의 첫 부분에는 상황적인 내용을 쓰고, 그다음 주장을 어떻게 펼칠 것인지를 고려하는 것이 좋다. 달리 말하면 항목의 구성을 다시 하고 내용을 펼치는 것이 도움이 된다.

전체 내용의 서술에서는 목차에 따라 순서대로 쓰기보다 쉽게 쓸 수 있는 항목부터 서술하는 것이 좋다. 물론 서론부터 써내려가는 것이 가장 이상적이지만, 서론은 전체 내용을 포괄해야 하기에 쓰기가 쉽지 않다. 서론은 먼저 썼다고 하더라도 본론의 내용을 쓰다가 다시 수정하는 일도 있고, 심지어 새로 써야 할 경우도 있다. 쉽게 쓸 수 있는 항목부터 어렵게 써야 하는 항목의 순으로 전개하는 것도 바람직하다. 그런데 좀 더 효율적으로 쓰려면 평소에 조금씩 항목에 따라 서술하는 것도 무난하다. 학술 논문은 논리성을 확보하는 것이 중요하다. 조금씩 써내려가다 보면 어떻게 내용을 전개해야 할지를 생각하게 되고, 그러다 보면 글쓰기가 수월해진다.

또 하나는 독자의 질문에 충분히 답변할 수 있는지를 확인해야 한다. 학술 논문은 다른 연구자의 평가를 받는다. 독자의 입장에서는 내용상 질문이나 의문을 가질 수 있다. 독자의 질문에 명확히 답변을 할 수 있을지를 고민하고 그것에 대한 답변을 충분히 할 수 있다면 내용을 전개해도 된다. 독자의 질문에 답변을 하지 못한다면 내용을 충분히 파악하지 못한 경우가 된다.

3) 글쓰기의 원칙은?

학술 논문은 일반 글에 비해 쓰기가 수월하지 않다. 학술 논문은 학술적인 주제를 깊이 있게 연구하고 그 결과를 담아내는 글이다. 일반 글은 학술 논문보다 주제에 대해 깊이 있는 이해를 더 요구하지 않는다. 그러나 학술 논문은 주제 자체가 어려울 뿐만 아니라 내용도 복잡하고 장황하게 펼쳐진다. 그러다 보니 학술 논문을 쓰려고 하면 '그 많은 내용을 어떻게 쓰지?', '과연 내가 쓸 수 있을까?' 하는 두려움을 먼저 갖는다. 그러나 글쓰기의 원칙을 안다면 어렵지 않게 쓸 수 있다.

글쓰기는 의사소통의 수단이고 사고의 논리적인 표현이다. 의사소통이란 화자와 청자 또는 필자와 독자와의 커뮤니케이션을 의미한다. 커뮤니케이션이란 메시지를 주고받는 행위를 말하고, 의사소통이 잘되었다는 것은 메시지가 왜곡되지 않고 정확하게 전달되고 수용되었다는 것을 의미한다. 만약 필자가 A라는 메시지를 전달하고자 한다면 독자 또한 A라는 메시지로 수용해야 한다. 그런데 독자가 A라는 메시지가 아닌, B 또는 C라는 메시지로 수용했다면 이는 의사소통이 잘못된 것이다.

또 하나 사고의 논리적 표현이라는 말은 글의 내용을 전개할 때 일상의 사고 논리를 따라주라는 의미이다. 일상의 사고 논리란 우리가 일상에서 생각하는 방식을 의미한다. 글의 내용을 전개할 때 우리가 지니고 있는 일상적인 논리를 따라야 함에도 불구하고 사고 논리를 역행하는 방식으로 하면 안 된다는 것이다. 예를 들어 하나의 사물에 대해 인식할 때에는 외형적인 틀을 먼저 파악하고 그다음 세부적인 구성을 파악한다. 그렇다면 글쓰기에서도 이러한 사고 논리를 적용하라는 의미이다. 또한 시간에 대한 부분을 보자면 우리는 시간이 과거-현재-미래로 이어진다는 사고 논리를 갖고 있다. 그런데 시간에 대한 내용을 서술할 때 현재-과거-미래로 하면 사고 논리를 거스른다는 것이다.

그리고 실제 글쓰기에서 세 가지 원칙은 반드시 지켜야 한다. 흔히 글쓰기의 3원칙으로 정확성과 명료성, 간결성을 말한다. 정확성은 내용상의 기술을 정확히 해야 한다는 의미이다. 어떤 글이든 내용이 엉터리이면 그 글은 문제가 있다. 내용이 정확해야 하는 것은 글의 생명이라고 할 수 있다. 명료성은 표현상의 부분이다. 글의 내용을 표현할 때 명료하게 하라는 의미이다. 글쓰기의 핵심은 메시지의 정확하고 명료한 전달이다. 메시지가 정확하고 명료하지 않으면 그것은 올바른 의사소통이 될 수 없다. 글쓰기에서 전하고자 하는 메시지를 얼마나 정확하고 명료하게 담는지가 관건이다. 간결성은 문장을 복잡하거나 장황하게 펼치지 말고 간단하게 전개하라는 의미이다. 문장이 복잡하고 장황하면 메시지를 정확하게 전달하기 어렵다. 흔히 긴 문장이 좋은 문장이라고 생각하는 경향이 있다. 그러나 문장이 길고 복잡한 것은 좋은 문장이라고 할 수 없다.

학술 논문 또한 글쓰기의 3원칙을 그대로 적용해야 한다. 학술 논문의 내용이 정확하지 않으면 그것은 엄청난 문제가 된다. 달리 말하면 연구 결과가 엉터리라는 의미와 동일하다. 그리고 표현에서도 명료해야 하고, 문장 또한 간결하게 전개하는 것이 바람직하다. 흔히 학술 논문의 문장을 보면 한 문장의 길이가 4~5줄에 이른다. 이러한 문장은 그다지 바람직하지 않다. 문장이 길면 문장 속에 엄청난 문장 성분들이 담기고, 그러다 보면 메시지를 명료하게 전달하기 어렵다.

문장을 전개할 때에는 세 가지를 챙겨야 한다. 첫째, 주어와 서술어가 호응되는지를 판단해야 한다. 주어와 서술어가 호응되지 않으면 문장에 담긴 메시지가 무엇인지를 파악할 수 없다. 특히 주어와 서술어가 호응되지 않으면 그것은 바로 비문이 된다. 예를 들면 '그는 친구와 싸운 나머지 성난 얼굴이다'라는 문장에서 '그는'이 주어이고 '얼굴이다'가 서술어다. 여기서 주어와 서술어가 호응이 되지 않는다. 두 성분이 호응이 되려면 서술어를 '표정을 짓고 있다'로 바꿔야 한다. 둘째, 수식어와 피수식어는 가급적 가까이 배치해야 한다. 수식어는 피수식어를 꾸며주는 문장 성분이다. 수식어와 피수식어가 가까이 위치해야 문장의 의미를 명료하게 전달할 수 있다. 일반적으로 글쓰기를 할 때 수식어가 피수식어 바로 앞에 있어야 하는 점을 고려하지 않는 경향이 있다. 수식어와 피수식어가 가까이 있어야 명료한 메시지의 전달이 된다. 예를 들면 '우리 가게는 절대로 외상을 사절한다'라는 문장이 있다고 하자. 여기서 수식어는 '절대로'이고 피수식어는 '사절한다'이다. 그러면 '우리 가게는 외상을 절대로 사절한다'로 문장을 서술해야 한다는 의미이다. 셋째, 수식어는 2개 이상 사용하지 않아야 한다. 수식어가 2개 이상이면 문장의 의미를 정확히 파악하기 어렵다. 예를 들어 '잘생기고 착한 멋진 내 친구'라는 문장이 있다고 하자. 여기서 수식어는 '잘생기고 착한 멋진'이다. 피수식어는 '내 친구'이다. 수식어가 3개 이상 사용되다 보니 문장의 의미 파악이 곧바로 이뤄지지 않는다. 글쓰기에서 좋은 문장이란 문장을 읽으면 바로 이해가 되어야 한다. 문장을 읽었을 때 문장의 의미가 무엇인지 고민하거나 문장을 다시 읽고 의미를 파악하는 것은 좋지 않다. 결국 문장은 한 번 읽었을 때 그 의미를 바로 파악할 수 있게 전개하는 것이 중요하다고 할 수 있다.

마지막으로 학술 논문의 실제 쓰기에서는 하나의 항목을 한 편의 작은 글로 인식하고 진행하면 어렵지 않게 쓸 수 있다. 하나의 항목을 서술하고자 한다면 앞부분에는 어떤 내용을 쓰고, 그다음에는 어떤 주장을 담을 것인지, 그리고 마지막 부분에는 어떻게 닫을 것인지를 윤곽적으로 파악하고 전개하면 효율적이다. 항목 하나를 한 편의 완결된 작은 글로 간주하는 것이 도움이 된다. 그러면 논리와 일관성을 확보할 수 있고, 나아가서는 전체 글의 논리와 일관성을 유지하게 된다.

4) 학술 논문 쓰기에서 지켜야 할 사항은?

글의 유형마다 기본적으로 지켜야 할 사항이 존재한다. 모든 글쓰기는 천편일률적이지 않다. 어떤 글은 내용을 중시하고 어떤 글은 표현을 중시한다. 학술 논문 쓰기에서는 사실을 정확하게 서술하는 것이 상당히 중요하다. 학술 논문은 학술적인 주장을 담아내지만, 사실에 대한 정확한 기술이 토대가 되어야 한다. 사실의 기술이 엉터리이고 거짓이라면 학술 논문으로서 가치도 없을 뿐만 아니라 학술 논문이라고 해서도 안 된다.

어떤 글이든 사실에 대한 기술은 기본적으로 정확해야 한다. 어떤 대상에 대해 설명하거나 주장하는 것은 모두 사실에 기초한다. 사실은 글쓰기의 원초적인 역할을 한다고 해도 과언이 아니다. 사실은 어떤 관점에서 보느냐에 따라 해석과 주장이 달라진다. 그러나 사실은 정확해야 한다. 사실이 왜곡되거나 거짓이라면 그 사실을 토대로 쓴 글은 엉터리가 된다. 특히 학술 논문에서는 해석이나 논지는 결국 사실에서 출발하고, 사실이 정확하지 않으면 해석도 엉터리일 뿐만 아니라 논지도 심각한 문제를 야기한다.

또한 해석도 정당해야 한다. 학술 논문은 해석을 어떻게 하느냐에 따라 주장이 다르고, 학술 논문의 가치도 다르다. 하나의 사실에 대한 해석은 개인의 경험이나 지식에 따라 다르게 할 수 있다. 그러나 해석이 억지스러워서는 안 된다. 사실에 대한 해석이 왜곡되거나 편파적이지 않고 정당성을 가지는 것이 중요하다. 사실에 대한 해석이 왜곡되거나 정당성을 가지지 못하면 그에 대한 주장은 어느 누구에게도 수긍될 수 없다. 학술 논문은 학술적 연구 결과에 대한 주장을 담아내는 글이다. 사실에 대한 해석이 정당해야 논문으로서의 가치를 인정받는다.

또 하나는 논지의 일관성을 유지해야 한다는 사실이다. 논지의 일관성은 주장을 일관되게 펼쳐야 한다는 것을 의미한다. 논지가 일관되지 않고 흐트러지거나 기존의 주장과 다르게 해서는 안 된다. 학술 논문에서 주장하고자 하는 것은 명료하고도 일관되게 펼쳐야 한다. '이것도 맞고 저것도 맞다'는 식으로 주장을 펼치는 것은 문제가 된다. 예를 들어 삼성의 스마트폰이 우수하다는 주장을 펼친다고 하자. 이때 삼성의 스마트폰의 우수하다는 주장을 끝까지 펼쳐야 함에도 불구하고 갑자기 삼성의 스마트폰이 문제가 있다고 말한다면 논지의 일관성을 갖지 못한다. 다시 말해 논지의 일관성을 갖지 못하면 자신의 주장이 관철될 수 없을 뿐만 아니라 상대를 설득할 수도 없다.

내용 서술에서 표현의 구체성 또한 중요하다. 학술 논문은 추상적인 표현을 사용해서는 안 된다. 기술하고자 하는 내용을 명료하고 구체적으로 표현해야 한다. 특히 실용글에서는 이 부분이 중요하다. 학술 논문 또한 연구의 결과가 구체적이고 명료하게 전달되도록 하는 것이 기본이다. 가장 좋은 문장은 메시지를 명료하게 담아내는 것이다. 문장을 읽으면 바로 그 의미가 파악되도록 쓰는 것이 가장 바람직하다. 문장의 의미가 파악되지 않아 여러 번 읽는 것은 문장 표현에 문제가 있기 때문이다.

또한 표현에서 객관성을 유지하는 것도 중요하다. 내용 서술에서 지나치게 주관적인 표현을 사용하면 그 내용이 보편적으로 수용될 확률이 적고, 자칫하면 왜곡돼 수용될 수 있다.

〈학술 논문 쓰기의 수칙〉

가. 사실의 정확성
나. 해석의 정당성
다. 논지의 일관성
라. 표현의 구체성

2. 서론은 어떻게 쓰는가?

1) 서론이란?

서론은 글의 길잡이 역할을 한다. 서론은 글의 도입 부분에 해당되며, 소설로 치자면 발단에 해당된다. 서론에서 가장 중요한 것은 독자의 관심을 유도하고 흥미를 이끌어내는 것이다. 서론은 특히 누군가를 만났을 때 갖는 첫인상과 같다. 인간관계는 삶이 영속적으로 주어지는 한 끝나지 않는다. 인간관계를 시작하려면 우선 만남이 이뤄져야 하고, 만남에서 가장 중요한 것은 첫인상이다. 첫인상이 어떠한가에 따라 그 사람에 대한 평가가 달라진다. 첫인상에 호감을 갖게 되면 그 사람에 대한 평가는 호의적이다. 글 또한 서론이 어떠한가에 따라 평가가 다르다. 서론이 참신함을 준다면 본론을 읽고 싶은 욕심이 생기지만, 서론이 고리타분하고 뭔가 관심을 끄는 것이 없으면 본론을 읽을 마음조차 사라진다.

서론 쓰기의 기법은 다양하다. 일부에서는 일반 글의 서론에서 정의하기나 인용하기, 이야기 서술하기, 상황 설명하기 등의 기법을 사용할 수 있다는 논리를 편다. 그러나 서론에서는 이러한 기법에 의존하기보다 어떤 내용을 담으면 관심을 유도하고 흥미를 이끌어낼 수 있을까를 고려하는 것이 더 현명하다. 서론 쓰기의 기법에 지나치게 의존하다가는 쓰기가 고통스럽고 어떻게 써야 할지 몰라 혼란스러워하는 경우도 생긴다. 일반 글은 서론을 쓰고 난 다음 본론이 잘 풀리지 않을 때에는 서론을 다시 쓰는 것이 한 방법이다. 그리고 일반 글에서는 서론에서 시작해 본론, 결론의 순으로 쓰는 것이 원칙이다. 그러나 글의 분량이 많으면 서론을 먼저 쓰기보다는 나중에 쓰는 경우가 있다.

서론은 쓰고자 하는 내용을 어떻게 하면 관심을 끌도록 유도할 것인가를 생각하면 쉽게 풀린다. 예를 들면 누군가에게 사랑을 고백할 때 단도직입적으로 "나는 너를 사랑한다."고 하면 상대는 엄청나게 당황한다. 상대는 전혀 예기치 않은 일이라 어쩔 줄 몰라하고, 심지어 자리를 피하는 경우도 있다. 사랑을 고백하더라도 단도직입적으로 하지 말고 사랑한다는 말을 차분히 듣게 되도록 관심을 유도하고 그런 다음 사랑한다고 말하면 상대는 전혀 당황하지 않는다. 이때 "내가 너를 처음 만났을 때 너는 촌뜨기 그 자체였다. 행동 하나하나를 봐도 세련미가 없었고 퉁명스럽고 막무가내 식이었다. 그런데 너를 만난 지 한 달이 지나면서 너는 내게 새롭게 다가왔다. 너의 촌스러움이 내게 매력적으로 다가왔고, 너의 퉁명스러움이 신뢰를 주었다. 이젠 너를 사랑할 수밖에 없다."는 식으로 전개하면 상대는 당황하지 않고 진심 어린 사랑의 고백을 수용한다. 글쓰기도 마찬가지이다. 첫 부분에서 어떤 내용을 쓰는 것이 관심을 유도하고 핵심을 도출하는 데 적합한지를 고려하면 쉽게 해결된다. 학술 논문의 서론도 이 부분을 고려해 접근하면 쉽게 쓸 수 있다. 특히 학술 논문은 이론적으로 어떤 내용이 서론에 배치되는지가 거의 정해지다시피 한 만큼 이 부분을 잘 고려하면 서론 쓰기는 어렵지 않다.

2) 서론은 어떻게 구성되는가?

학술 논문의 서론은 연구 결과를 알리는 시작점이다. 특히 학술 논문의 서론은 연구의 핵심 내용을 서술하기 전에 기본적인 전제에 대해 서술한다. 학술 논문은 학술 연구의 결과를 담아내는 것이 핵심이고, 이 핵심 내용을 담아내기 위해 앞부분에서 안내할 내용을 전개하는 것이 서론이다.

학술 논문의 서론은 전체 내용을 아우르고 어떤 목적으로 학술 논문을 썼는지를 서술하는 것이 핵심이다. 우선 학술 논문의 서론에는 어떤 내용이 필요한지를 고려해 보는 것이 좋다. 학술 논문의 본문은 연구의 핵심 내용을 담아낸다. 그러면 서론에서는 연구의 핵심 내용을 전개하기 위한 도입적 내용이 무엇인지를 생각할 필요가 있다. 이때 고려해야 할 것은 연구자 본인이 아닌 독자가 중심이 되어야 한다는 점이다. 연구의 핵심 내용을 전개하기 전에 어떤 내용을 서술하면 독자가 당황하지 않고 학술 논문의 취지를 잘 파악할 수 있는지를 고려하면 쉽게 해결될 수 있다. 그러면 학술 논문의 핵심 내용을 안내할 내용으로 우선 생각할 수 있는 것은 '왜 연구하게 되었는가? 연구를 하게 된 배경은 무엇인가? 연구를 하고자 했을 때 무엇이 문제였는가? 연구 대상은 무엇이고 연구 방법은 또 어떤 것을 선택했는가?' 등이 될 수 있다.

이러한 부분을 좀 더 학술적으로 접근하면 연구 배경과 문제 제기, 연구 목적, 연구 대상, 연구 방법 등이 된다.

연구 배경은 연구를 하게 된 토대가 무엇인지를 의미한다. 하나의 주장을 할 때 무턱대고 주장하는 것은 상대로 하여금 당황스럽게 만든다. 그 주장을 하게 된 배경을 기본적으로 설명하는 것이 주장에 대한 충분한 이해를 도울 수 있다. 예를 들어 마음에 드는 사람이 있다고 하자. 이때 무턱대고 "나는 너를 좋아한다."고 말하면 상대는 당황하게 된다. 상대는 그 말에 호응하기보다는 '느닷없이 웬 잠꼬대야?' 하고 이상한 눈초리로 바라볼 수 있다. 연구 배경도 이와 똑같은 이치이다. 무엇에 대해 연구하고자 할 때에는 그에 대한 배경이나 상황을 전제해야 한다고 할 수 있다.

문제 제기는 연구를 하고자 하는 상황이나 배경에서 어떤 문제를 제기할 수 있는가 하는 부분이다. 연구 배경에서 뭔가를 주장하려면 그것에 대한 문제 제기를 해야 하고, 그 가운데 어떤 점이 문제가 있다는 식의 접근이 필요하다. 하나의 상황이나 현상에 대한 문제점은 다양하게 제기할 수 있다. 그런데 여기서는 여러 가지 문제점을 제기할 수 있지만, 연구하고자 하는 방향으로 몰고 가는 것이 필요하다.

또 하나는 기존 연구에 대한 검토이다. 기존의 연구에 대한 검토는 연구하고자 하는 주제가 기존 연구와의 차별성이 있음을 제시하기 위함이다. 학술 논문에서 기존에 연구된 내용을 되풀이 연구하는 것은 의미가 없다. 기존에 연구한 내용을 답습하는 것은 가치가 없고 해서도 안 된다. 기존 연구의 검토는 주제에 대한 연구가 이미 수행되었지만 그것과는 다르다는 사실을 알리기 위한 부분이라는 점을 명심할 필요가 있다. 특히 학위 논문인 경우에는 이 부분이 반드시 필요하다. 학위 논문은 우선 기존 연구에 대해 충분히 검토한 다음 진행할 필요가 있으며, 거기서 기존에 연구되지 않은 부분에 대한 연구가 되어야 한다. 이는 독자를 위한 부분이기도 하다. 서론에서 기존 연구에 대한 검토를 언급하지 않는다면 학술 논문이 어떤 가치를 갖는지를 판단할 수 없다. 물론 연구 논문에서도 기존 연구에 대한 검토를 서술하지만, 반드시 해야 하는 것은 아니다. 특히 교수의 연구 논문에서는 기존 연구에 대한 검토는 생략해도 상관이 없다.

연구의 목적은 연구를 왜 하는지에 대한 부분이다. 연구를 하고자 할 때 분명히 목적을 지니고 있다. 일상에서 누군가를 만나더라도 만남의 목적을 지닌다. 상대를 만나 즐거운 시간을 보낸다거나 심각한 얘기를 털어놓는다거나 뭔가를 계획한다거나 등의 목적을 지닌다. 연구의 목적도 동일한 맥락이다. 연구를 하고자 할 때 왜 연구하는지에 대한 분명한 제시가 있어야 제대로 된 연구가 될 수 있다.

연구 방법은 연구를 어떻게 할 것인가 하는 부분이다. 연구 방법은 연구 주제나 내용에 따라 다르게 취한다. 그리고 연구 내용을 도출하는 데 어떤 방법을 동원했는지에 대한 서술이 필요하다. 연구 방법은 서론에서 반드시 서술되지 않아도 된다. 특히 인문학의 경우 연구 방법에 대한 서술은 명확히 하지 않는다. 인문학의 경우 특별한 방법을 동원하지 않는다면 굳이 서술하지 않아도 상관없다. 그러나 사회과학이나 자연과학 분야의 학술 논문에서는 연구 방법에 대한 서술이 필요하다. 사회과학의 설문조사를 통한 연구일 때에는 반드시 서술해야 하고, 자연과학의 실험 논문 또한 반드시 서술해야 한다. 물론 이때에는 연구 범위도 함께 서술되는 것이 원칙이다. 예를 들어 설문조사를 통한 학술 논문을 쓴다고 할 때 설문조사의 대상 범위를 명확히 할 필요가 있다. 여기서는 남성인가 여성인가부터 연령대, 직업 등에 대해서도 필요하면 밝혀야 한다.

연구 범위는 연구 대상이 광범위하여 제한하고자 할 때 서술된다. 연구 범위가 방대하면 연구 내용을 제대로 도출하기 어려울 뿐만 아니라 핵심적으로 접근하기도 어렵다. 연구 범위를 제한하면 할수록 연구가 수월해진다. 서론에서는 연구 범위 또한 서술할 필요가 있다. 결국 이러한 부분은 학술 논문의 핵심 내용을 전개하기 위한 전초단계에서 요구되는 내용이라고 생각하는 것이 바람직하다.

〈서론의 구성〉

가. 연구 배경
연구의 토대가 되는 내용이 서술된다.

나. 문제 제기
연구 배경에서 어떤 문제가 제기될 수 있는지가 담긴다.

다. 기존 연구 검토
어떤 기존 연구가 있는지가 제시된다.

라. 연구 목적
연구를 하게 된 이유가 서술된다.

마. 연구 방법
어떤 방법을 동원해 연구를 하는지의 부분이다.

바. 연구 대상
어떤 것을 연구로 삼을지의 부분이다.

사. 연구 범위

연구 대상을 어떻게 제한하고 있는지가 서술된다.

3) 서론은 어떻게 쓰는가?

학술 논문의 서론 쓰기는 우선 서론을 구성하고 있는 내용을 논리적으로 전개하면 된다. 학술 논문의 서론은 연구 배경과 문제 제기, 기존 문헌 검토, 연구 목적과 연구 방법, 연구 범위 등으로 구성된다. 이들 내용을 어떻게 펼치는 것이 논리적인가를 생각해야 한다. 여기서 우선적으로 언급해야 할 것은 아무래도 연구 배경이다. 연구 배경은 연구가 지니고 있는 현황이나 상황을 의미하며, 그것이 무엇인지를 알리는 부분이다. 연구 배경은 연구 주제가 지니고 있는 상황이 어떻게 되는지에 대한 내용이 된다. 이러한 부분에 대한 서술이 끝나면 그다음으로 전개해야 할 것은 문제 제기이다. 문제 제기는 연구 배경에서 제기할 수 있는 문제가 무엇인지에 대한 것이다. 연구 배경에 대한 문제는 관점에 따라 다양하다. 그러나 서론에서 문제 제기는 연구의 목적을 제시하기 위한 전초적인 역할을 한다. 문제 제기는 연구 목적과 어느 정도 연결되거나 연구 목적을 염두에 두고 서술해야 한다. 문제 제기가 연구 목적과 연결되지 않거나 무관하면 논리적으로 연결하기 어렵다.

그다음에는 기존 연구에 대한 검토를 서술해야 한다. 기존 연구의 검토는 연구 주제와 관련해 기존에 어떤 연구가 행해졌는지를 밝히는 부분이다. 연구 주제와 관련된 기존 연구가 어떤 것이 있는지, 그리고 그 내용은 어떠한지에 대해 서술한다. 기존 연구의 검토는 연구하고자 하는 주제가 기존 연구와 어떻게 다른 것인지를 알리기 위함이다. 여기에서는 기존 연구를 총망라하는 것이 좋으나 그것이 어려운 경우 적당한 선에서 서술하는 것이 바람직하다.

문제 제기 다음으로 서술해야 하는 것은 연구의 목적이다. 연구의 목적은 연구를 하게 된 이유에 대한 내용이 된다. 그리고 어떤 부분을 어떻게 할 것인지에 대해서도 추가한다. 연구 목적은 연구할 내용을 아우르는 식으로 제시하면 무난하다.

연구 방법과 범위는 서론에서 제시될 수도 있지만, 사회과학이나 자연과학 학술 논문에서는 본론의 앞부분에 제시되는 경우가 있다. 여기에는 어떤 연구 방법을 동원하고, 연구 대상의 범위를 어떻게 산정하고 있는지를 서술하면 된다. 결국 서론 쓰기도 서론을 구성하고 있는 항목을 논리적으로 전개하면 된다. 그러나 서론 쓰기에서도 분량을 고려해야 한다. 글의 분량이 어느 정도 할애된다면 내용을 늘릴 수 있는 부분은 연구 배경과 기존 연구의 검토가 해당된다. 문제 제기나 연구 목적은 길게 전개할 수 있는 내용이 아니다. 이 부분을 고려해 전개하는 것도 필요하다.

학술 논문의 서론은 대개 맨 마지막에 쓰는데, 그 이유는 본론의 내용을 모두 쓰고 난 다음 서론에 그 내용을 추가하거나 본론의 내용을 고려해 쓰고자 하기 위해서이다. 학술 논문에서 맨 먼저 서론을 쓰든 마지막에 쓰든 간에 연구자가 쉽게 쓸 수 있는 방법을 택하면 문제가 되지 않는다. 서론 쓰기에서 중요한 것은 연구의 핵심 내용을 잘 안내할 수 있는지를 파악하는 것이다.

✚ 서론 쓰기 예시

1. 들어가며

수사학은 설득적인 말하기에 대한 이론을 체계적으로 정립한 학문 분야이다. 일상의 말하기에 대한 이론은 논리학 분야에서 많이 다루고 있으나, 수사학은 논리적인 측면만이 아니라 비논리적인 측면도 말하기의 중요한 요소로 간주한다. 수사학은 애초에 학문 구축을 위해 말하기 현상에 대해 탐구적이기보다는 실용적으로 접근하고 있으며, 수사학이 발달하게 된 것은 말하기 문화가 의사소통 분야의 지배적인 역할을 한 것이 직접적인 원인이었다. 수사학이 발달하기 시작할 당시에는 일반 대중을 상대로 한 의사소통으로는 말하기가 보편적이었으며, 자신의 주장이나 의견을 알리거나 관철하려면 능숙한 말하기가 요구되었다. 또한 개인이든 집단이든 개인적 또는 국가적 문제나 사회적인 논쟁을 해결하려면 대중 연설이 보편적인 수단으로 동원되었으며, 특히 일상의 분쟁을 조정하는 법정 연설은 수사학의 이론을 체계화하는 데 결정적인 역할을 하였다. 재판관과 변호인으로 구성된 법정연설에서는 다양한 부류의 청중을 설득하는 것이 중요하였고 청중을 어떻게 설득하느냐에 따라 재판의 결과가 달라졌다.[1] 키케로 또한 연설이 정치 참여의 중요한 수단이며, 연설만이 대중을 상대로 한 공동체적인 의식을 확보할 수 있는 방법으로 인식하였다. 그는 특히 인간이 각각에게 그리고 공동체에 상호 의무를 진 사회적 존재이며 공동 일에의 참여는 말을 매개로 가능한 만큼 수사학을 무시하거나 포기해서는 안 되는 학문으로 간주하였다.[2]

연구 배경

그런데 수사학은 의사소통 영역에서 말하기만을 분리해 바라보지 않고 말하기와 글쓰기를 연계하고 있으며, 글쓰기가 오히려 말하기의 토대가 되고 있음을 보여준다.[3] 아리스토텔레스에 따르면 수사학의 체계는 논거 발견술과 논거 배열술, 표현술, 암기술, 연기술로 구성된다. 논거 발견술은 주장하고자 하는 논거를 발견하는 기술을 의미하고 논거 배열술은 발견한 논거를 논리적으로 배열하는 방법을 말한다. 표현술은 주장을 설득력 있게 전달하기 위해 표현을 덧붙이는 기술이고, 암기술은 표현한 내용을 암기하는 기술이며, 연기술은 암기한 내용을 실제로 발설하는 방법을 말한다. 수사학의 체계에서 논거 발견술이나 논거 배열술, 표현술은 말하기와 글쓰기가 동일하게 다뤄지며, 암기술과 연기술에서만 두 영역의 차이가 존재한다. 그러나 암기술과 연기술은 말하기를 위한 실전 방법에 지나지 않는다.

문제 제기

수사학의 체계에서 글쓰기 부분이 명시적으로 드러나는 것은 표현술 부분이다. 수사학에서 표현술은 말하기를 위한 논거를 배열하고 그것을 표현하는 기술로서 말하기를 더 정교하고 설득력 있게 하기 위한 과정의 한 단계로 간주된다. 이렇듯 메시지의 내용을 글로 표현하고 그것을 암기해 연기함으로써 설득력 있는 말하기를 효과적으로 실현할 수 있다는 것이 수사학의 이론이다. 그렇다고 수사학에서는 글쓰기를 말하기의 종속적인 관계로 보지 않는다. 수사학의 역사를 보면 글쓰기 문화가 발달되면서 표현술을 중심으로 한 글쓰기가 수사학의 중심에 놓이게 된다. 이러한 점은 수사학에서 말하기와 글쓰기는 동전의 양면적인 시각임을 보며, 말하기는 글쓰기가 될 수 있고 글쓰기는 말하기가 될 수 있음을 제시한다.

문제 제기 보완

미디어 글[4]은 일반 글 가운데 수사학적 말하기 방식을 많이 갖고 있으며, 수사학에서 중요시하는 설득적인 요소도 다분히 지니고 있다. 미디어 글은 단순히 정보를 전달하는 것에 머무는 것이 아니라 정보의 생산에서부터 전달하기까지 설득적인 부분을 고려하고 있으며, 말하기가 청중 지향적이듯이 독자 지향적이다. 또한 미디어 글은 가장 보편적이면서도 대중적인 글에 속하며, 일반 글 가운데 의사소통 측면에서 많이 접근한 글쓰기 방법을 갖고 있다. 따라서 본 소고에서는 미디어 글에 수사학적 설득 구조가 어떻게 나타나고 있는지, 그리고 미디어 글이 왜 수사학적 설득구조를 취하고 있는지를 고찰하고자 한다.

연구 목적

---

1) 롤랑 바르트는 "수사학은 소유권의 소송으로부터 태어났다."고 주장한다.

2) 키케로, 『수사학』, 안재원 옮김, 길, 2006, 24-25쪽.

3) 황성근, 「글쓰기와 말하기의 상관성 연구」, 『수사학』 제9집, 한국수사학회, 2008, 115쪽.

4) 미디어 글은 매체에 따라 다양하게 구분할 수 있다. 여기서는 미디어 글 가운데 신문의 기사를 중심으로 논하고자 한다. 신문은 지금까지 보편적으로 활용해온 미디어이며, 기존의 인쇄 미디어와는 달리 독자에게 광범위하게 영향을 미쳤고 미디어로서의 역할 또한 크다고 생각한다.

⇒ 서론 쓰기에서는 서론의 구성요소를 어떻게 전개하면 논리적일까를 고민한다. 예를 들어 연구 목적 → 문제 제기 → 연구 배경의 순으로 전개하거나 연구 배경 → 연구 목적 → 문제 제기의 순으로 전개하면 논리적이지 않다. 따라서 현재의 서술 순서대로 하는 것이 논리적이라고 할 수 있다.

그리고 서론에서는 연구 방법과 연구 범위가 반드시 서술될 필요는 없다. 특히 인문학 분야의 학술 논문에서는 연구 방법과 연구 범위가 서술되지 않는 경향이 일반적이다. 위의 사례 또한 동일한 경향을 보여준다. 그러나 사회과학이나 자연과학 분야의 학술 논문에서는 연구 방법과 연구 대상, 연구 범위가 서술되는 것이 일반적이다.

3. 본론은 어떻게 쓰는가?

1) 본론이란?

학술 논문의 본론은 연구의 핵심 내용 또는 핵심 주장이 서술된 부분을 말한다. 본론은 인간의 육체와 비교하면 몸통과 같다. 몸통에는 중요한 장기가 모두 들어 있으며, 이들 장기가 각각의 기능을 통해 육체를 유지한다. 글의 본론 또한 이와 같은 기능을 한다고 생각하면 된다. 글의 본론에는 글의 주제가 담기고, 그 주제는 바로 글의 핵심 내용이 된다.

학술 논문의 본론 또한 연구의 핵심 내용을 담는다. 학술 논문에서 본론은 일반 글보다 확대된 방식으로 전개된다. 일반 글은 항목을 구분하지 않고 전개되는 경향이 있지만, 학술 논문은 여러 개의 항목으로 나눠 전개된다. 이들 항목은 모두 연구의 핵심이 되는 내용을 담아내는 역할을 하고, 핵심 내용을 어떻게 담아내느냐에 따라 항목이 다르게 나눠진다. 항목은 두 개로 나눌 수 있고 세 개로도 나눌 수 있다. 그리고 내용을 더 충실하게 담으려면 네 개 또는 그 이상으로 나눌 수 있다. 그리고 이들 항목에서 다시 하위 항목으로 나눌 수 있다. 하위 항목으로 나누는 것 또한 해당 항목의 소주제가 몇 개로 나눠질 수 있느냐와 연관된다.

그러나 이때 주의해야 할 것은 동일한 논점 내지 내용은 함께 묶어야 한다는 점이다. 동일한 논점과 내용임에도 불구하고 하위 항목을 나눠 제시하는 것은 글의 통일성을 저해한다. 이는 인간의 대장 구성과 비슷하다. 인간의 대장은 맹장과 충수, 결장, 직장으로 나눈다. 맹장은 대장의 첫 부분에 해당되며, 충수는 맹장에서 나온 작은 돌출부이다. 결장은 대장의 대부분을 차지하며, 직장은 대장의 마지막 부분이다. 여기서 다시 하위 항목으로 나눈다면 결장의 경우 상행 결장과 횡행 결장, 하행 결장, 구불 결장으로 나눈다. 이러한 구분은 바로 학술 논문의 항목 구분과 동일하다고 볼 수 있다. 학술 논문에서 하나의 항목이 있으면 다시 하위 항목으로 나눠지는 꼴이다. 이때에는 동일한 논점이나 내용은 한데 묶어야 한다는 것이다. 결국 학술 논문도 이러한 방식으로 나눠지고, 그것에 따른 기능도 다름을 알 수 있다.

학술 논문의 본론은 어느 학문 분야인가에 따라 구성이 다르다. 그러나 본론을 전체적으로 보면 배경적인 내용에서부터 핵심적인 내용, 그리고 부연적인 내용으로 구성되는 경향이 있다. 배경적인 내용은 본론의 핵심을 전개하기 위한 토대가 되는 내용을 말하며, 본론의 핵심적인 내용은 본론의 중심이 되는 내용을 의미한다. 부연적인 내용은 본론의 핵심적인 내용은 보완해줄 수 있는 내용을 의미한다. 결국 본론도 도입부와 중심부, 부연부, 마무리부로 구성된다고 할 수 있다.

2) 본론은 어떻게 구성되는가?

본론은 서론처럼 내용이 하나로만 담겨지지 않는다. 본론은 전체 내용이 항목별로 나눠지고, 한 항목의 글이 본론의 글을 대변한다고 해도 무방하다. 학술 논문에서는 항목의 글이 실타래처럼 엮어지면서 본론이라는 하나의 덩어리를 만들어낸다.

학술 논문의 본론은 하나의 항목 글이 어떻게 구성되었는지를 파악하면 수월하게 쓸 수 있다. 학술 논문의 본론 항목의 전개가 부분적으로 다를 수 있지만, 일반적으로 사실 데이터와 그 데이터의 해석, 그리고 주장과 그 주장에 따른 근거로 이뤄진다.

① 사실 데이터

사실 데이터는 연구의 토대가 되는 데이터를 말한다. 어느 분야를 연구하든지 간에 연구의 토대가 되는 데이터는 있게 마련이다. 집을 지으려면 집을 짓는 재료들이 있듯이 연구에도 토대가 되는 데이터가 있다. 연구의 토대가 되는 데이터는 어떤 연구냐에 따라 다르다. 예를 들어 문학작품을 연구한다면 해당 문학작품이 연구의 토대가 되는 데이터가 되고, 과학실험을 통한 연구를 한다면 실험에서 생산된 데이터가 토대가 된다. 사회 현상에 대한 연구를 한다면 해당 사회 현상이 연구의 토대가 되는 데이터가 된다. 이들 데이터는 본론을 서술할 때 기본 바탕이 된다. 사실 데이터를 서술할 때 중요한 것은 데이터를 왜곡해서는 안 된다는 점이다. 데이터는 있는 그대로 객관적으로 담아내야 한다. 연구의 토대가 되는 데이터를 왜곡하면 그 연구는 올바른 연구가 될 수 없고, 연구의 가치도 없다.

사실 데이터는 정확해야 한다. 사실 데이터가 정확하지 않으면 연구 전체가 문제가 된다. 사실 데이터를 정확히 서술하려면 데이터를 정확하게 읽는 것이 최선이다. 일부 연구에서는 사실 데이터가 간단할 수 있다. 특히 복잡하지 않은 실험의 경우에는 사실 데이터가 단순할 수 있다. 그러나 일부 연구는 사실 데이터가 상당히 복잡하고 장황할 수 있다. 예를 들면 사회 현상의 경우 사실 데이터는 상당히 복잡하고 장황하다. 따라서 사회 현상을 읽을 때에는 한 번의 읽기로 끝내서는 안 된다. 사회 현상이라는 텍스트를 완벽하게 소화해야 하고, 심지어 어떤 용어가 내포되어 있는지도 정확히 파악해야 한다. 그리고 중요한 것은 사실 데이터를 읽는 데서만 그쳐서는 안 된다는 사실이다. 사실 데이터를 기본적으로 읽되 그 데이터를 정확히 분석해야 한다. 이는 데이터의 해석에 직접적인 영향을 준다. 결국 데이터의 정확한 읽기는 학술 논문 쓰기의 가장 기초가 된다는 사실을 명심해야 한다.

② 해석

해석은 사실 데이터에 의미를 부여하는 것을 말한다. 데이터의 해석은 관점에 따라 다를 수 있고, 접근법에 따라 다를 수 있다. 그러나 데이터의 해석은 정당성을 지녀야 한다. 데이터의 해석이 정당하지 않고 왜곡되거나 편파적인 것은 심각한 문제를 야기한다. 우리 사회에서 한동안 시끄러웠던 국사 교과서의 집필 문제 또한 데이터를 왜곡 또는 편파적으로 접근한 경우가 된다. 데이터를 왜곡해 해석하는 것은 결국 진정한 연구가 될 수 없다.

데이터의 해석은 어디까지나 데이터의 분석에 좌우된다. 사실 데이터를 어떻게 분석하느냐에 따라 해석이 달라진다. 예를 들면 사회 현상에 대한 해석도 다양하다. 해석하는 사람에 따라 달라진다. 여기에는 사실 데이터를 어떤 관점에서 접근하느냐, 그리고 자신의 경험이나 지식 등이 함께 용해되어 이뤄진다. 이때 중요한 것은 그 해석이 얼마나 정당성을 가지느냐의 문제이다. 정당성을 얼마나 가지느냐에 따라 그 해석이 먹혀들어 일반인들에게 수용된다. 해석은 사실 데이터를 얼마나 철저하게 분석하느냐가 중요하고 데이터 분석을 할 때에는 전체 내용을 비롯해 전체의 구성 성분, 그리고 전체와 구성 성분 간의 연관관계 등을 철저히 파악해야 한다.

③ 주장

학술 논문의 주장은 학술적인 가치가 있어야 한다. 학술 논문의 주장은 연구의 결과에서 최종적으로 종합되지만, 본론에서도 여러 개의 소주장이 꾸준히 서술된다. 주장은 데이터의 분석과 해석에서 나온다. 데이터를 어떻게 분석했는가에 따라 해석이 다르지만 그 해석은 곧 주장으로 연결된다. 해석과 주장은 동전의 양면과도 같다. 주장은 해석을 표출하는 것이고, 해석은 주장을 하기 위한 전제가 된다. 주장은 결국 학술 논문의 핵심이 되며, 주장의 타당성을 입증하는 것이 학술 논문의 관건이라고 할 수 있다.

학술 논문에서는 주장이 전반적으로 제기된다고 해도 과언이 아니다. 서론은 물론 본론, 결론에서도 주장이 제기된다. 심하게는 모든 단락마다 주장이 펼쳐진다. 소위 말하는 소주장들이다. 그러나 본론에서의 주장이 연구의 중심이 된다고 할 수 있다. 그리고 본론에서 주장은 체계적으로 펼쳐지고, 단순한 주장에 머무르는 것이 아니라 주장에 따른 근거를 동원해야 한다. 결국 본론에서의 주장은 학술 논문의 근간이 되고 있으며, 주장이 얼마나 타당성을 갖느냐에 따라 연구의 가치를 갖게 된다. 주장은 관점에 따라 다양하고 다를 수 있다. 그러나 학술 논문에서는 주장의 타당성에 따라 평가가 달라진다.

④ 근거

학술 논문에서 주장을 펼칠 때에는 근거가 반드시 동원되는 것이 일반적이다. 근거는 주장을 정당화하는 구실을 한다. 주장을 펼칠 때 근거를 동원하지 않으면 그 주장은 인정되기 어렵다. 어떻게 보면 단순 주장이 될 수 있다. 학술 논문에서의 주장은 정당성을 입증해야 하고, 주장의 정당성을 입증하기 위해서는 반드시 근거를 동원해야 한다. 근거는 바로 주장의 토대적인 역할을 하며, 근거가 얼마나 타당성을 갖느냐에 따라 주장도 타당성을 갖게 된다.

흔히 근거는 사실 근거와 의견 근거로 나눈다. 사실 근거는 실재의 사실이 근거가 되는 것을 의미하고, 실재 현상이나 정보, 역사적 사실, 통계 수치 등이 해당된다. 의견 근거는 전문가나 학자의 견해 또는 여론이 된다. 사실 근거나 의견 근거는 정확하고 확실해야 한다. 특히 의견 근거가 편파적이거나 왜곡된 것은 문제가 될 수 있다. 이들 근거는 주장을 정당화하기 위해 동원되지만, 어떤 근거를 동원할지는 주장의 여건을 고려하면 된다. 주장에 적합한 근거가 무엇이며, 어떤 근거가 더 설득력을 가질 수 있는지를 판단하면 된다.

3) 본론은 어떻게 쓰는가?

본론은 서론에서 제시한 문제를 하나하나 풀어나간다고 생각하면 된다. 학술 논문은 본론이 여러 개의 하위류로 분류되고, 학문 분야에 따라 하위류의 분류가 조금씩 다르다. 본론이 몇 개의 하위류로 구성되느냐는 글의 규모와 성격에 따라 결정된다. 그러나 전체적으로는 핵심적인 내용을 어떻게 분류해 담아내는지를 고려하면 된다. 본론에서 중요한 것은 학술 논문의 주제에 얼마나 부합하느냐이다. 어떤 글이든 주제는 본론에 핵심적으로 담겨진다. 학술 논문도 주제가 본론에 펼쳐지는 방식을 취한다.

학술 논문의 본론은 항목별로 전개하는 것이 이상적이다. 학술 논문의 본론은 항목에 따라 내용의 분량이 다를 수 있지만, 내용의 분량도 균형적으로 맞춰주는 것이 필요하다. 학술 논문의 본론 쓰기에서 하나의 항목에 담겨지는 내용은 흔히 주장과 사실 데이터, 해석, 근거가 된다. 이들 요소가 어떻게 논리적으로 전개될 수 있는지를 생각하면 된다.

학술 논문의 본론 쓰기에서 하나의 항목만을 고려한다면 내용의 전개 방식은 크게 두 가지로 나눌 수 있다. 하나는 주장-사실 데이터-해석-근거-마무리의 순이고, 다른 하나는 사실 데이터-해석-주장-근거-마무리의 순이다. 두 방식은 어떻게 내용을 펼칠 것인가에 따라 다르지만, 전자는 주로 인문학 분야에서 많이 서술되는 방식이고, 후자는 자연과학 분야에서 많이 선호되는 방식이다. 어떻게 보면 전자는 연역적 방식이라고 할 수 있고, 후자는 귀납적 방식이라고 할 수 있다. 그러나 서술하고자 하는 내용에 따라 두 방식 가운데 하나를 선택하면 된다.

그런데 항목의 전개를 좀 더 부드럽게 하거나 내용의 분량을 늘리려면 항목의 앞부분에 상황적인 내용을 전개하는 것도 나쁘지 않다. 특히 항목의 내용에 대한 일반적인 내용을 앞부분에 추가하면 도입이 자연스러울 수 있다. 이러한 부분은 항목의 전체 내용을 한 편의 글이라고 인식하면 쉽게 이해할 수 있다. 한 편의 글은 서두와 본문, 결말로 이뤄지며, 학술 논문의 항목 내용도 이러한 방식으로 구성된다고 생각하면 글쓰기의 어려움을 줄일 수 있다. 그리고 큰 항목은 하나의 큰 주제가 되고, 그 항목의 하위 항목은 소주제가 된다는 점을 고려하면 된다.

하위 항목에는 소주장이 하나가 아니라 여러 개일 수 있다. 이때에는 중요한 소주장에서 중요하지 않은 소주장으로 서술하든지 아니면 중요하지 않은 소주장에서 중요한 소주장의 순으로 전개하면 된다. 이때 주장-사실 데이터-해석-근거의 순으로 전개하거나 사실 데이터-해석-주장-근거의 순으로 전개하면 된다. 특히 본론 쓰기에서는 항목에서 주장하고자 하는 것이 무엇이며, 그것의 소주장을 몇 개로 전개할 것인지를 고려하고, 그 주장에 따른 나머지 요소들을 배치하는 식으로 접근하는 것이 이상적이라고 할 수 있다. 결국 이러한 방식이 흔히 논증으로 대변된다고 할 수 있다. 논증이란 주장을 입증하는 방식이며, 주장의 정당성을 확보하는 과정이라고 할 수 있다.

4) 논증은 어떻게 하는가?

학술 논문 쓰기를 흔히 '논증적 글쓰기'라고 한다. 논증적 글쓰기란 주장을 하되 그 주장의 타당성이나 정당성을 입증하는 글쓰기라고 할 수 있다. 학술 논문에서는 학술적인 주장이 제기되고 그 주장의 정당성이나 타당성이 확보되어야 한다. 주장의 정당성이나 타당성이 확보되지 않으면 학술 논문으로서의 가치가 없다.

논리학에서 논증은 "결론을 지지하는 이유를 밝히는 절차"라고 정의한다. 논증은 또한 추론으로도 표현된다. 추론이란 논제의 진위를 논거에 의해 증명하는 과정이라고 할 수 있다. 다시 말하면 특정한 전제로부터 어떤 결과를 이끌어내는 형식이다. 결국 논증이란 어떤 결론을 내리기 위해 여러 가지 지지 이유를 동원하고 그것을 통해 결론의 정당함을 도출하는 방법이라고 할 수 있다. 좀 더 쉽게 말하면 우리가 어떤 주장을 펼칠 때 그 주장을 정당화 내지 합리화하는 작업을 말한다고 할 수 있다.

논증은 논제와 논거로 구성된다. 논제란 흔히 명제 또는 주장을 말한다. 논제는 논증에 의해 참과 거짓 여부가 밝혀진다. 논거는 흔히 근거나 이유를 의미한다. 논거는 논제의 참과 거짓을 확증하기 위해 사용된다. 흔히 논거는 주장이나 의견의 정당성을 확보하기 위한 증거라고 할 수 있다. 결국 논증의 구성은 주장과 근거가 된다. 주장을 정당화하거나 합리화하기 위해서는 주장을 지지해 줄 근거를 마련해야 하고, 그 근거가 타당성을 지니면 주장은 정당함을 갖게 된다. 논증의 유형에는 여러 가지가 있지만, 학술 논문 쓰기에서 자주 활용되는 논증에는 어떠한 것이 있는지를 대략적으로 알아둘 필요가 있다.

① 원칙에 의한 논증

원칙에 의한 논증은 원칙에 의해 보장을 받는 논증을 말한다. 좀 더 구체적으로 말하면 보편적 지식이나 원리, 사실에서 출발해 특수한 지식이나 원리, 사실을 이끌어내는 논증이다. 일명 '연역논증'이라고 한다. 원칙이란 자연의 이치나 원리가 된다. 원칙에 의한 논증은 우선 대전제에서 출발하고, 소전제를 제시한 다음 결론을 이끌어내는 방식이다. 대표적인 예로는 "인간은 죽는다. 소크라테스는 인간이다. 그러므로 소크라테스는 죽는다."라는 방식의 논증이다. 원칙에 의한 논증은 사회과학이나 자연과학에서도 많이 활용되지만, 인문학 분야에서 선호된다.

원칙에 의한 논증의 사례는 다음과 같다.

> 현재 미국의 경우 글쓰기 교과가 대학에만 개설되어 있는 것은 아니다. 미국 펜실베이니아 대학의 경우 대학원에도 글쓰기 교과가 개설되어 있다. 대학원 과정에서 글쓰기 교과가 개설된 것은 단순히 의사소통을 위한 글쓰기가 아니라 학력에 걸맞은 학문에 대한 지식의 깊이를 논하고, 그 내용을 논리적이고 설득력 있게 담아내는 근원적인 교과라는 점을 인식하고 있는 부분이라고 할 수 있다. 또한 현재 이러한 글쓰기 방식은 글쓰기를 어

떻게 하고 그 내용을 어떻게 담아내야 하는가에 대한 근본적인 물음과 동시에 해결책을 제시해 준다고 할 수 있다.

② 일반화에 의한 논증

일반화에 의한 논증은 구체적인 사실이나 사례를 제시하고 그것을 일반화해 주장을 입증하는 방식이다. 일명 '귀납논증'이라고 한다. 유사한 사례를 제시하고 그것이 일반적인 경향이라는 사실이라고 주장하는 방식이다. 예를 들면 "붕어는 알을 낳는다. 미꾸라지도 알을 낳는다. 가물치도 알을 낳는다. 그러므로 모든 물고기는 알을 낳는다."라고 주장하는 논증이다. 그러나 일반화에 의한 논증은 개연성이 내포된 논증이다. 즉 거짓일 확률이 높은 논증임을 말한다. 예를 들면 물고기 가운데 새끼를 낳는 종이 있다면 이 논증은 거짓이 된다. 일반화에 의한 논증은 자연과학 분야의 학술 논문을 쓸 때 비교적 많이 활용된다고 할 수 있다.

일반화에 의한 논증의 사례는 다음과 같다.

글쓰기가 정교한 읽기에도 도움이 되고 있다는 반응이었다. 학생들은 특히 쓰기를 통해 읽기의 내용을 재확인하고 그것을 다시 쓰기에 접목할 수 있었다는 것이다. 이는 읽기와 쓰기를 병행함으로써 읽기와 쓰기의 순환적인 구조를 파악하게 됨은 물론 읽기 또한 정교하고 심층적인 접근을 가능하게 하고 있음을 보여준다. 이는 결국 읽기와 쓰기가 독립적으로 분리되기보다는 서로 연계되어 있고, 읽기의 충실함이 쓰기의 충실함으로 이어지고, 쓰기의 결과가 읽기의 심화적인 이해를 유도하는 순환적

구조를 갖게 됨을 의미한다. 이러한 부분의 확장은 결국 학문 탐구의 방법을 터득하는 셈이 된다. 학문 탐구에서 중요한 것은 하나의 텍스트를 정확히 읽고 분석하고 해석해 거기서 주장을 이끌어내고, 그 주장에 대한 타당한 근거를 마련하는 작업이라고 할 수 있다.

③ 유추에 의한 논증

유추에 의한 논증은 두 상황 사이의 유사성을 통해 논증하는 방식이다. 특히 유추에 의한 논증은 특정 사물이나 대상과 다른 것의 특성과 비교해 타당성을 입증하는 방식이며, 어려운 내용을 풀어서 설명할 때 많이 동원된다. 유추에 의한 논증은 과학 분야의 원리나 이치를 설명할 때 많이 활용된다. 또한 유추에 의한 논증은 주장의 타당성을 명료하게 전달하는 데도 적지 않은 효과가 있다. 어떤 현상에 대한 주장을 장황하게 설명하기보다 유사한 특성을 지니고 있는 사물이나 대상을 빗대어 전달하면 상대방이 쉽게 이해할 수 있다.

유추에 의한 논증의 사례는 다음과 같다.

얼마 전 미항공우주국(NASA)이 화성에 물이 존재할 가능성이 있음을 시사하는 가장 강력한 증거가 발견되었다고 발표했다. 화성 탐사선 MRO의 관찰 결과 온도가 높은 몇 달 동안 화성에 물이 흐르고 있을 가능성이 나타났다고 밝혔다. NASA에 따르면 화성의 일부 경사면에서는 늦봄과 여름철 내내 손가락처럼 생긴 짙은 줄 모양이 나타났다가 겨울이면 사라지고 다음 해 봄에 다시 나타나는 것으로 밝혀졌다. 과학자들 또한 화성 남반구 중위도대의 여러 급경사면을 반복 관찰해 계절에 따라 나타나는 이런 변화를 확인했다고 언급했다.

화성에 물이 존재한다면 생명체가 존재할 가능성이 충분히 있다. 물은 생명체의 존재에 결정적인 역할을 한다. 지구에서 생명체가 존재하는 것은 물이 존재하기 때문이다. 일반적으로 모든 생명체의 60~70%는 물로 구성되어 있으며, 물은 곧 생명체의 생존에 직접적인 역할을 한다. 지구상에서도 물이 존재하지 않았다면 생명체가 존재할 수 없었을 것이다. 지구상에 물이 존재함으로써 수많은 생명체가 존재할 수 있다. 화성에서 물이 존재한다면 생명체의 존재 가능성은 충분히 있다고 할 수 있다.

④ 권위에 의한 논증

권위에 의한 논증은 권위자의 말이나 의견을 동원한 논증을 말한다. 권위에 의한 논증은 무엇보다 진술자의 권위 또는 신뢰도에 의존한다. 일반인의 의견은 무시될 확률이 높지만, 선인이나 유명한 학자, 전문가 등의 의견은 인정될 확률이 높다. 권위에 의한 논증은 바로 유명한 학자나 이론가 등의 의견이나 말을 인용해 정당성을 입증하는 논증이다. 물론 여기에는 격언이나 속담 또한 하나의 요소가 된다.

권위에 의한 논증의 사례는 다음과 같다.

언론학자 라스웰은 미디어의 기능을 다양하게 제시한다. 그는 미디어가 환경에 관한 정보를 제공하는 감시 기능과 문제해결을 위한 선택안을 제시하는 상관관계 기능, 그리고 전수 기능으로 일컬어지는 사회화와 교육 기능을 지니고 있다고 주장한다. 미디어의 이러한 기능은 미디어가 사회 현상 또는 문제에 대해 어떠한 방법으로도 사회에 영향을 미치고 있음을 말해 주며, 여기에는 미디어가 단순한 정보 전달자가 아니라 사회적인 역할자 내지는 설득자의 구실을 하고 있음을 보여준다. 커뮤니케이션의 대표적인 이론가인 맥루한 또한 미디어가 갖는 영향력은 현대 사회에서 결코 무시될 수 없음을 강조한다. 그는 "사적이고 정치적이며, 경제적이고 미적이고 심리적이며, 도덕적이고 윤리적이고 사회적인 결과들에서 매스 커뮤니케이션이 갖는 설득력은 대단한 것이기 때문에 매스 커뮤니케이션은 인간에게 영향을 미치지 않거나 그의 사고방식을 변화시키지 않는 채로 남아 있지는 않는다."고 말한다. 결국 미디어는 의도하든 의도하지 않든 간에 일상의 정보를 단순히 전하는 전달자의 역할에만 머물지 않고 대중의 사고와 활동, 생활방식과 취향에도 깊은 영향을 미치는 여론의 형성자 또는 설득자로서의 구실을 한다.

⑤ 인과관계에 의한 논증

인과관계에 의한 논증은 자연과학 분야의 학술 논문 쓰기에 적지 않게 동원된다. 모든 현상이나 사건에는 인과관계가 존재한다. 하나의 현상이 일어나면 거기에는 원인과 결과가 있다. 인과관계에 의한 논증은 바로 원인과 결과의 관계를 통해 주장의 정당성을 확보하는 방식이다. 인과관계에 의한 논증에서는 원인은 근거가 되고 주장은 결과가 된다. 결국 주장이 원인에 대한 결과로서 인정될 때 성립하는 논증이라고 할 수 있다.

인과관계에 의한 논증의 사례는 다음과 같다.

미디어 글에서는 독립변수와 종속변수 사이에 두 개의 매개변수가 존재하는데, 하나는 독립변수에 따른 매개변수이고 다른 하나는 종속변수에 따른 매개변수이다. 독립변수에 따른 매개변수는 미디어이며, 미디어는 불변적 매개변수에 해당한다. 불변적 매개변수에는 미디어의 메시지 표현과 편집, 전달방식이 해당된다. 미디어라는 매개변수는 종속변수에 영향을 미치는 부분이 독립변수보다 더 강하게 작용한다. 종속변수에 따른 매개변수에는 수용자의 태도가 해당되며, 이는 가변적인 변수로 작용한다. 종속변수에 따른 매개변수로는 메시지 수용자의 성격이나 태도, 메시지의 수용 상황, 메시지의 해독 능력 등이 작용한다. 그러나 일반적으로 미디어 글은 정보원에 대한 신뢰성보다는 미디어 자체의 신뢰성에 더 중점을 두고 접근한다.

✚ 본론 쓰기 예시

2. 미디어와 수사학과의 관계

미디어와 수사학은 서로 밀접한 관련을 맺고 있다. 미디어는 일반 대중을 향한 의사소통을 핵심으로 하고 있으며, 수사학 또한 일반 대중이라는 청중과의 의사소통에 초점을 맞추고 있다. 미디어와 수사학의 차이점이 있다면 미디어가 수사학의 도구적인 성격을 띠며 수사학의 발달에 직접적인 관여를 하고 있다는 점이다.

주장

수사학이 발달한 초기에는 이렇다 할 만한 미디어가 존재하지 않았으며, 일반 대중에게 의사전달을 하는 방법으로는 청중이 제한되고 메시지의 전달에도 한계가 있긴 했지만 대중연설이 그나마 효과적인 수단이었다. 그러나 미디어가 본격적으로 등장하면서 청중을 향한 대중연설은 미디어에 의해 그 역할이 대체되었다. 대중연설이 일반 대중이나 청중에게 대면적인 방법으로 의사전달을 하는 효과는 있었지만, 의사전달의 영향이나 효과적인 면에서는 미디어보다 훨씬 약하였다. 특히 16세기 인쇄술이 발달하면서 미디어는 대중적인 의사소통의 보편적인 도구가 되었으며, 그 결과 대중연설을 중심으로 한 말하기에서 글쓰기로 소통 유형이 바뀌게 되었다. 글쓰기의 영향력도 말하기의 추상적이고 제한적인 틀에서 벗어나 구체적이고 광범위하게 나타났으며, 수사학도 기존의 고답적이고 상황 중심의 말하기에서 사고와 생각을 문자로 표현하는 글쓰기를 중심으로 발달하게 된다. 특히 17, 18세기에 수사학이 표현술을 중심으로 연구되고 활용된 것은 일상의 소식이나 정보를 전하는 신문이나 잡지, 도서 등 인쇄 미디어의 발달이 직접적인 계기가 되었다고 할 수 있다. 그리고 20세기 들어 통신 미디어가 등장하면서 방송 미디어를 중심으로 말하기 중심 문화가 발달하면서 수사학도 다시 학문적 태동에 기초한 말하기 중심의 접근과 연구가 활발히 행해지게 된다.

사실
데이터

이렇듯 미디어와 수사학이 상호 연관을 맺고 있는 것은 의사소통의 유형을 실전하고 다루는 데 있지만, 그 근저에는 설득이라는 매개체가 존재하는 것이 이유 중의 하나이다. 미디어는 일상의 다양한 정보를 제공하는 역할을 하지만, 단순히 정보 전달자의 입장만을 취하는 것이 아니라 다양한 정보를 선택하거나 가공하면서 미디어가 지향하는 입장을 은연중에 강요하고 그 과정에서 대중을 향한 설득을 요구한다. 한마디로 미디어는 현실을 비추는 단순한 의사소통의 도구가 아니라 다양한 부류의 사람들을 대상으로 사회적 · 정치적 관심과 참여를 유도하고 현실에 대한 판단을 강요한다. 해석

언론학자 라스웰은 미디어의 기능을 다양하게 제시한다. 그는 미디어가 환경에 관한 정보를 제공하는 감시 기능과 문제해결을 위한 선택안을 제시하는 상관관계 기능, 그리고 전수 기능으로 일컬어지는 사회화와 교육 기능을 지니고 있다고 주장한다. 미디어의 이러한 기능은 미디어가 사회 현상 또는 문제에 대해 어떠한 방법으로도 사회에 영향을 미치고 있음을 말해주며, 여기에는 미디어가 단순한 정보 전달자가 아니라 사회적인 역할자 내지는 설득자의 구실을 하고 있음을 보여준다. 커뮤니케이션의 대표적인 이론가인 맥루한 또한 미디어가 갖는 영향력은 현대 사회에서 결코 무시될 수 없음을 강조한다. 그는 "사적이고 정치적이며 경제적이고 미적이고 심리적이고 도덕적이고 윤리적이고 사회적인 결과들에서 매스 커뮤니케이션이 갖는 설득력은 대단한 것이기 때문에 매스 커뮤니케이션은 인간에게 영향을 미치지 않거나 그의 사고방식을 변화시키지 않는 채로 남아 있지는 않다."고 말한다. 근거

결국 미디어는 의도하든, 의도하지 않든 간에 일상의 정보를 단순히 전하는 전달자의 역할에만 머물지 않고 대중의 사고와 활동, 생활방식과 취향에도 깊은 영향을 미치는 여론의 형성자 또는 설득자로서 구실을 한다. 마무리

⇒ 본론은 항목별로 서술되고 항목을 서술할 때 어떻게 전개하면 논리적인지를 생각한다. 주장을 하면 그것에 대한 근거가 와야 하고, 그것에 대한 부연적 설명이 덧붙여지는 것이 일반적이다. 그리고 마지막 부분에서는 항목의 내용을 마무리하는 것이 바람직하다. 하나의 항목을 한 편의 작은 글로 인식하고 전개하면 도움이 된다.

4. 결론은 어떻게 쓰는가?

1) 결론이란?

결론은 논의를 끝맺는 것을 의미한다. 결론은 모든 글에 존재한다. 글의 결론이 없다면 메시지를 완결 짓지 못하고 어떤 메시지를 전달하려 했는지를 파악할 수 없게 된다. 어떤 때는 '왜 저런 내용을 서술했지?' 하는 강한 의문을 갖게 한다.

결론은 물고기에 비유하자면 꼬리 부분에 해당된다. 한 마리의 물고기가 있다고 할 때 머리 부분은 서론이고 몸통 부분은 본론이다. 그리고 꼬리 부분은 결론에 해당한다. 만약 물고기가 꼬리에게 없으면 그 물고기는 정상적인 물고기가 아닌, 비정상적인 물고기가 된다. 물고기가 헤엄칠 때 꼬리 부분이 없다면 가고자 하는 방향으로 제대로 진행하기 어렵다. 어떻게 보면 결론은 배의 키와 같은 역할을 한다고 할 수 있다. 배의 키는 방향을 잡아준다. 학술 논문에서도 서론과 본론이 있지만, 결론이 방향을 잡아주는 키와 같은 역할을 한다. 학술 논문에서는 어떤 결론을 내릴지를 명확히 정하고서 서론과 본론을 전개한다. 결론이 없으면 방향 키가 없는 것이나 다름없다.

글에서 결론은 다양하게 펼쳐진다. 글의 분량이 많으면 결론이 길어지고, 글이 분량이 적으면 결론은 짧아진다. 한마디로 결론은 본론과 밀접한 연관성을 갖고 있다.

결론은 대개 본론을 요약하고 마무리하는 부분으로 생각하는 경향이 있다. 그러나 모든 글의 결론이 본론의 내용을 요약하는 것은 아니다. 짧은 분량의 글에서는 본론을 요약하면 내용의 중복을 가져오고, 깔끔하게 마무리한다는 인상을 주지 않는다. 짧은 분량의 글에서는 본론을 절대로 요약해서는 안 된다. 본론의 내용을 개략적으로 서술하고 마무리하는 방식을 취하는 것이 좋다.

그러나 학술 논문은 다르다. 학술 논문은 본론의 내용을 요약한다. 그것은 무엇보다 본론의 분량이 많기 때문이다. 글은 결론을 접하면 메시지가 무엇인지를 알 수 있다. 그러나 본론의 내용이 많으면 본론의 내용을 잊게 된다. 달리 말하면 본론에 어떤 내용을 담고 있는지 명확하게 알지 못한다. 결론 쓰기에서 본론의 내용을 요약하지 않으면 '왜 이런 결론을 내렸지?' 하는 의문을 갖게 한다. 결국 학술 논문은 많은 분량을 서술하기에 요약하는 일이 발생한다. 이러한 부분을 고려하는 것이 학술 논문 쓰기에서는 중요하다.

2) 결론은 어떻게 구성되는가?

학술 논문에서 결론은 학술적 주장에 대한 완결을 짓는 부분이다. 본론에서 학술적 주장을 펼치고 결론에서 최종 마무리를 해야 한다. 그 역할이 바로 결론이다. 결론은 말 그대로 연구 결과에 대한 마무리 작업이다. 연구 결과에 대한 마무리 작업이 이뤄지지 않으면 완결된 학술 논문이라고 할 수 없다.

학술 논문의 결론은 연구 결과를 최종적으로 완결 짓는 역할을 한다. 그러나 학술 논문의 결론에는 최종 마무리는 물론 본론의 요약과 대안 제시 또는 새로운 연구 방향 제시도 함께 구성되는 것이 일반적이다.

학술 논문에서 결론은 우선 본론의 내용을 요약하는 데서 시작된다. 학술 논문에서 본론을 요약하는 것은 글의 분량과 직결된다. 일반 글에서는 결론에 본론의 내용을 요약하는 것은 금물이다. 결론에서 본론의 내용을 요약하면 내용의 중복이 일어나고, 그러다 보면 깔끔한 글이 되지 못한다. 또한 일반 글은 분량이 많지 않게 때문에 굳이 본론의 내용을 요약할 필요가 없다. 학술 논문의 결론에서 본론의 내용을 요약하는 것은 본론의 내용이 장황하고 복잡하다 보니 그 내용을 일목요연하게 전달하기 위해서이다. 특히 낯선 내용의 글은 더욱 그렇다. 그래서 결론에서는 본론의 내용을 요약하고, 거기서 최종적으로 마무리 작업을 하게 된다. 결국 결론에서는 본론의 내용을 요약한 다음 최종 마무리 작업이 이뤄진다. 이때에는 본론의 내용을 종합적으로 정리하는 작업이 된다. 다시 말하면 본론의 주장을 다시 한 번 확인하는 작업이 된다고 할 수 있다.

대안 제시는 연구 결과에 대한 어떤 대안이 적합한지를 제시하는 부분이다. 연구를 하다 보면 어떤 새로운 접근법이 요구된다. 이러한 부분에 대한 서술이 된다.

새로운 연구 방향의 제시 또한 학술 논문에서 연구를 마무리하다 보면 연구한 것과는 다른 방향으로 연구할 필요성이 있음을 인식하게 된다. 새로운 연구 방향의 제시는 자신은 물론 제3자가 연구할 때 참조할 필요가 있다는 의미에서 서술하는 것이 일반적이다. 새로운 연구 방향의 제시는 학술 논문의 연구 결과와 다른 방향 또는 주제로 연구하는 것이 필요하고 의미가 있다는 사실을 고려하고, 그 내용을 서술해야 한다.

〈결론의 구성〉

가. 본론의 요약
　본론의 내용을 개략적으로 요약한다.

나. 주장의 마무리
　최종적으로 주장을 종합한다.

다. 대안 제시
　새로운 접근법을 서술한다.

라. 새로운 연구 방향 제시
　다른 방향에서도 연구가 필요함을 제시한다.

3) 결론은 어떻게 쓰는가?

학술 논문의 결론을 쓸 때에는 우선 분량을 어떻게 할 것인지를 고려한다. 결론을 많은 분량으로 장황하게 서술하는 것은 바람직하지 않다. 결론은 전체 글의 분량을 고려해 적당한 선에서 마무리하는 것이 좋다. 1쪽 분량의 글에서는 서론과 본론, 결론의 구성 비율이 1 : 4 : 1로 하는 것이 이상적이다. 이 비율을 고려해 결론을 서술해야 한다. 학술 논문의 유형에 따라 다르지만, 연구 논문의 경우 결론은 1쪽 안팎이면 충분하다. 학위 논문에서는 2~3쪽 분량이면 무난하다. 학술 논문에서 결론은 연구자의 재량에 따라 전개하면 되지만, 너무 장황하고 길게 서술하는 것은 바람직하지 않다. 결론은 말 그대로 마무리 짓는 것을 의미한다. 결론은 간결하고 핵심적인 부분만을 서술하는 것이 바람직하다.

그리고 결론에서 “본론의 내용을 요약하면 다음과 같다.”는 표현을 사용하는 것은 좋지 않다. 이러한 표현의 사용은 본론을 장황하게 서술할 가능성이 높을 뿐만 아니라 결론이 다시 본론으로 되돌아가는 형국을 만들 수 있다. 결론에서 본론의 내용을 요약할 때에는 본론의 핵심적인 내용을 중심으로 표현을 다르게 하는 것이 바람직하다. 일부에서는 본론의 전체 항목을 하나하나 언급하면서 서술하는 경향도 있다. 이는 꼭 필요한 경우가 아니라면 지양하는 것이 바람직하다. 특히 학위 논문에서는 이러한 방식을 추구하는 경향이 있다. 그러나 이러한 전개 방식은 결론의 내용을 장황하게 펼칠 공산이 클 뿐만 아니라 아마추어적인 글쓰기를 보여주는 방식으로 비춰질 수 있다. 장별로 구분해 요약하기보다 전체를 풀어서 전개하는 것이 이상적이다.

또한 결론의 전개는 논리적인 방식을 따르면 된다. 결론은 본론의 요약 → 주장의 마무리 → 대안 제시 → 새로운 연구 방향 제시로 구성되고, 쓰기도 이 순서대로 하면 논리적인 전개가 된다. 이들 부분에서 비교적 길게 서술되는 것이 본론의 요약이고, 나머지는 비교적 적은 분량으로 서술된다. 특히 새로운 연구 방향 제시는 한 단락이 되지 않을 수도 있다. 대안 제시나 새로운 연구 방향 제시를 장황하게 서술하면 학술 논문의 결론이 새로운 시작이 되는 상황을 가져올 수 있다.

그리고 결론에서는 새로운 주장을 제기하는 것은 금물이다. 결론은 어디까지나 마무리하는 부분이다. 마무리하는 부분에서 새로운 주장을 제기하는 것은 글을 마무리하지 않겠다는 의미와 같다. 어떤 글을 쓰든지 간에 서론과 본론, 결론이 어떤 역할을 하고 있는지를 분명히 하고 시작하는 것이 좋다. 한 편의 글이 서론과 본론, 결론으로 구성되는 것은 그 나름의 이유와 역할이 있다는 사실을 명심해야 한다.

✚ 결론 쓰기 예시

3. 나오며

미디어는 커뮤니케이션의 대표적인 매체이자 수단이며 미디어의 핵심 콘텐츠는 바로 미디어 글이다. 미디어가 외형적 설득을 전제로 한다면 미디어 글은 내용적 설득을 전제로 하고 있다. 미디어 글은 결국 독자의 설득을 전제로 생산되고, 여기에는 말하기 중심의 수사학적 설득 요소가 전반적으로 깔려 있다. 미디어 글이 수사학적 설득 요소를 많이 갖게 된 것은 미디어의 탄생 내지는 역할과 직접적인 관련이 있다. 과거에는 미디어의 존재는 제한적이었으며 미디어를 통한 의사전달이나 대중을 위한 설득에 대한 효과 면에서는 부족한 부분이 많았다. 그러나 미디어가 정보 통신기술의 발달로 야기된 새로운 환경에 적응하고 변모하면서 일반 대중을 설득하는 중요한 수단 내지는 역할을 하게 되었다.

본론의 요약

현재 우리 사회에서 미디어는 일반인에게 정보를 전달하는 것은 물론 사회적인 이슈를 만들어 여론화하고 그것에 대한 대안이나 해결책도 제시한다. 또한 최근 각종 선거나 여론의 동향에 상당한 영향력을 미치는 트위터도 미디어의 한 유형이 되고 있다. 이러한 부분은 미디어가 그만큼 사회적인 영향력을 많이 갖고 있다는 사실을 보여준다. 미디어가 여론 형성이나 사회적 문제를 야기하는 핵심 콘텐츠는 바로 미디어 글이다. 그러므로 미디어 글은 대중 지향적, 즉 독자 지향적일 수밖에 없으며 미디어 글 또한 새로운 환경에 변모할 것임에는 틀림없다. 그 변모의 방향이 결국 말하기식의 요소, 즉 수사학적 요소를 더 많이 갖게 된다는 점은 너무나 당연하다고 할 수 있다.

대안 제시

현재 말하기와 글쓰기의 중요성이 부각되고 있지만 글쓰기가 말하기보다 더 정교한 의사소통에 해당된다. 일반적으로 글쓰기라고 하면 단순히 생활적인 내용이나 정보를 담아내는 평범한 글쓰기를 염두에 두지만 미디어 글의 지향점이 설득에 있는 만큼 일반 글의 내용 전개나 표현에서 미디어 글을 원용하는 것도 좋은 방법이다. 현재 의사소통 측면이 강조되고 글쓰기도 글쓰기를 위한 글쓰기가 아니라 말하기를 위한 글쓰기가 더욱 선호되는 현실에서 미디어 글은 실용 글쓰기는 물론 학술적 글쓰기에도 적지 않게 응용할 가치가 있다고 할 수 있다. } 마무리

⇒ 결론은 학술 논문의 연구 결과를 최종적으로 마무리하는 단계이다. 결론은 우선 본론의 내용을 요약하고 대안 제시를 한 다음 마무리하는 것이 논리적이다.

5. 인용은 어떻게 하는가?

학술 논문을 쓸 때 연구자의 지식이나 생각만으로는 수행할 수 없다. 다른 연구자의 지식이나 생각을 참고하거나 직접 활용해야 한다. 이때 다른 연구자의 지식이나 생각을 무단으로 사용하거나 도용하면 연구 윤리에 저촉되고, 그것은 결국 표절이 된다. 학문 활동에서 다른 연구자의 지식이나 생각을 직·간접적으로 활용할 수밖에 없고, 이때 연구 윤리에 저촉되지 않으려면 인용을 철저히 하고 출처도 명확히 밝혀줘야 한다. 다시 말하면 다른 연구자의 지식이나 생각을 활용하고자 할 때 그 내용을 정확히 인용하고 인용의 출처를 명확히 밝혀주면 표절이 아니라는 사실이다. 결국 표절을 방지하는 방법은 인용을 정확히 하고 출처를 명확히 밝히는 것이라고 할 수 있다.

인용이란 사전적으로 남의 말이나 글 가운데 필요한 부분을 끌어다가 자신의 말이나 글 속에 넣어 설명하는 데 쓰는 것을 의미한다. 글쓰기나 말하기를 할 때 다른 사람의 지식이나 생각을 가져와 사용하는 경우가 해당된다고 할 수 있다. 글쓰기나 말하기를 할 때 다른 사람의 글이나 말을 인용하는 경우가 비일비재하다. 다른 사람의 글이나 말을 인용하는 것은 자신의 의견을 설득력 있게 전달하기 위해서이다. 특히 학술 논문을 쓸 때에는 다른 연구자의 글을 활용하는 경우가 적지 않고, 그것을 활용하고자 할 때에는 반드시 인용을 하게 된다.

인용에는 직접 인용과 간접 인용이 있다. 직접 인용은 원문 그대로 가져와 사용하는 경우를 말하고, 간접 인용은 원문의 내용을 줄이거나 핵심이 되는 부분만을 가져와 사용하는 경우를 말한다. 직접 인용은 인용의 시작과 마지막 부분에 인용 부호를 반드시 붙여야 하고, 간접 인용은 인용 부호를 붙이지 않는다.

직접 인용에서는 원문의 표현이 잘못되었다고 하더라도 수정해서는 안 되며 원문을 그대로 가져와야 한다. 문장의 부호도 생략해서는 안 된다. 일부 조사나 부사의 표현이 틀리더라도 그대로 가져와야 한다. 그리고 직접 인용에서는 원문의 내용이 길 경우, 특히 세 줄 이상이 될 경우에는 독립적으로 제시한다. 달리 말하면 본문과 구분되는 단락으로 서술해야 한다. 그리고 이때에는 인용 문장의 마지막 부분에 출처 표시를 해야 한다.

직접 인용의 예는 다음과 같다.

> 설득은 고대 그리스 시대에서부터 학문 분야의 중요한 관심의 대상이었으며 수사학에서 설득은 핵심적인 모티브이자 수사학이란 학문을 구축하는데 요체가 된다. 수사학은 설득이란 무엇인지, 설득을 어떻게 해야 하는지에 대한 이론을 구체적으로 제시하며, 말하기에서 메시지를 단순히 전달하는데 그치는 것이 아니라 수용자로 하여금 어떻게 설득할 수 있는지를 핵심 내용으로 한다. 아리스토텔레스도 "특정한 경우에 적용 가능한 설득의 방법을 찾는 능력"[1)]이 바로 수사학이라고 하였으며, 페렐만도 수사학이 설득의 기술이라고 주장하였다.
>
> 1) 티모시 보서스, 『수사학 이론』, 이희복 외 옮김, 커뮤니케이션북스, 2009, 54쪽.

독립된 단락으로 직접 인용한 예는 다음과 같다.

독일의 작가 페터 바이스는 1960년대 서독의 작가들이 사본주의와 결탁되어 있기 때문에 올바른 예술 활동을 할 수 없다고 단정하기도 하였다. 그는 당시 작가들의 비난에도 불구하고 사회주의적 예술 표현이 참된 문학을 탄생시킨다고 주장하였다.

> 나는 학문적 사회주의와 예술 표현의 자유를 결속시킨다. 왜냐하면 나는 사회주의에서 실제적으로 자유로운 예술, 다시 말하면 투기, 상업화, 지배계급의 봉사에서 벗어난 예술을 위한 전제를 볼 수 있기 때문이다.
>
> Ich verbinde mit wissenschaftlichen Sozialismus die Ausdrucksfreiheit der Kunst, weil ich im Sozialismus überhaupt erst die Voraussetzung sehe für eine wirklich freie Kunst, d. h. eine Kunst, die sich von der Spekulation, der Kommerzialisiering und Dienst an einer herrschenden Klasse losgelöst hat.[1)]

특히 페터 바이스는 자신의 에세이집에서 작자의 창작 활동도 사회주의의 바탕 위에서 이루어져야 한다고 주장해 당시 서독 작가들에게 엄청난 충격을 주었다. 일부 서독 작가들은 페터 바이스가 '공허한 이론가'라고 격렬한 비난을 퍼붓기도 했다.

---

1) Peter Weiss, Antwort auf einen Offenen Brief von Wilhelm Girnus an den Autor in der Zeitung "Neues Deutschland", in: Peter Weiss, *Rapporte 2*, Frankfurt am Main 1968, S. 28.

⇒ 외국 원서를 인용할 때에는 번역문을 먼저 서술하고 원문을 동시에 제시해야 한다. 여기서는 인용문이 길어 하나의 단락으로 제시되고 있다.

간접 인용은 원문의 표현 그대로를 가져오는 것이 아니라 원문의 표현을 부분적으로 바꾸거나 다르게 표현해도 된다. 물론 이때에는 원문의 핵심 내용을 그대로 가져와도 되고, 표현을 다르게 해도 상관이 없다. 그리고 직접 인용이든 간접 인용이든 문장의 마지막 부분에는 반드시 주석 표시를 해야 한다. 주석 표시를 하지 않고서 출처를 밝힐 수 없다.

간접 인용의 예는 다음과 같다.

과학 글쓰기에서는 글쓰기에 대한 기초 교양은 물론 전공 영역의 학문 분야에 대한 접근을 가능하게 한다. 과학 글쓰기는 원래 전공 영역의 글쓰기이며, 전공 영역의 글쓰기에서는 전공의 학문적 이해와 연구 방법론에 대한 이해가 요구된다. 과학 글쓰기는 바로 교양과 전공을 잇는 징검다리 역할을 하며, 이러한 부분은 다른 학문 분야의 학술적 글쓰기와 병행함으로써 다른 전공 분야에 대한 이해와 접근을 가능하게 한다.

Jungert는 학제적 교육의 동기를 두 가지로 나눠 제시한다. 하나는 학문 외적 동기이고 다른 하나는 학문 내적 동기이다. 학문 외적 동기는 학문 영역에서 유래된 것이 아니라 정치와 사회의 요구에 기인하며, 여기에는 복잡한 국가적 또는 글로벌적 문제의 인지에서부터 비롯되며, 학문 내적 동기의 출발점은 새로운 문제에 대한 작업에서 학문적 분파의 경계 내지 단절을 극복하는 데서 시작된다고 피력한다.[1] 이는 결국 학문 간의 경계를 허무는 데서 시작되지만, 교양 영역에서 학제적 사고를 배양하는 것이 중요하다고 할 수 있다.

---

1) Michael Jungert, “Was zwischen wem und warum eigentlich? Grundsätzliche Fragen der Interdisziplinarität”, in: Michael Jungert, Elsa Romfeld, Thomas Sukopp, Uwe Voigy (Hrsg.), *Interdisziplinarität, Theorie, Praxis, Probleme*, Darmstadt, 2010, S. 10.

10장

글 고치기와 참고문헌 제시

1. 글 고치기는 왜 하는가?

어떤 글이든 한 번에 완벽하게 쓴다면 더 이상 좋을 것이 없다. 그러나 글을 쓰다 보면 한 번에 완벽하게 쓰여지지 않는다. 가볍게 쓸 수 있는 일기나 이메일 정도는 한 번에 완벽하게 쓸 수 있지만, 뭔가 주장을 담고 나름대로 논리를 펴고자 한다면 한 번에 끝나지 않는다. 특히 학술 논문은 나름대로 모두 썼다고 하더라도 수정에 수정을 거듭해야 한다. 처음엔 어느 정도 완벽하다고 느낄 수 있으나 검토하면 검토할수록 부족함을 느끼고 어느 부분을 어떻게 고쳐야 할지를 고민한다.

글 고치기는 다름 아닌, 최종적으로 완성된 글을 만들기 위함이다. 글의 구성이나 내용, 표현에서 문제가 있는 부분을 고쳐 최종적으로 완성하는 과정이다. 글 고치기는 자유롭게 할 수 있으나 체계적으로 접근하는 것이 좋다. 글 고치기는 글을 완성한 후 가급적 길지 않은 시일 내에 하는 것이 바람직하다. 한 편의 글을 쓰고 난 다음 한 달 뒤에 고치는 일은 없어야 한다. 시간이 많이 지난 상태에서 글을 고치면 내용을 다시 확인해야 하고, 어떤 내용을 담고자 했는지도 파악하기 어려울 수 있다. 그러다 보면 글을 다시 쓰는 꼴이 된다.

학술 논문은 글의 분량이 많은 만큼 완성된 다음에는 한 달 이내에 전체 수정을 끝내는 것이 좋다. 시간이 촉박하다면 더 빨리 끝내는 것도 바람직하다. 학술 논문은 고치기가 지체되면 내용을 다시 파악해야 하고, 고치는 것 자체도 부담스러워진다.

어떤 글이든 완성하면 그 글에 대해 만족감을 느끼는 것은 누구나 한 번쯤 경험하게 된다. 그리고 프린터로 인쇄하거나 편집을 가미하면 더 멋진 글로 여겨지고 어느 한 군데 고치거나 수정할 필요가 없는 글로 인식하는 일이 적지 않다. 한마디로 자신의 글이 세상에서 최고로 잘 쓴 글이고, 어느 누구의 글에도 비견될 수 없는 글로 착각한다. 그러다 보면 자신의 글에 심취되어 나중에 어느 한 곳 고치지 않아도 되는 완벽한 글로 인식한다. 그러나 전문가의 입장에서 보면 그 글은 문제투성이의 글이고 수정할 곳도 적지 않다.

일반적으로 어떤 글을 쓰든 간에 다른 사람에게 보여주는 글이라면 적어도 세 번 이상 검토하는 것이 좋다. 세 번의 검토를 할 때에는 글을 완성하고 바로 연이어 세 번을 검토하라는 것이 아니고 시간적 여유를 두고 검토해야 한다. 좀 더 구체적으로 말하면 오후 시간에 글을 완성했다면 잠자기 전에 한 번 검토하고, 그 다음날 아침에 검토하고, 마지막으로는 12시경에 검토하는 것이 바람직하다. 이렇게 해야 글의 어느 부분에 문제가 있고, 구성의 논리가 맞지 않는지를 파악할 수 있다. 물론 글쓰기에서 지엽적으로 간주할 수 있는 맞춤법과 띄어쓰기는 기본적으로 확인해야 하지만, 글의 구성과 내용상 문제가 없는지 반드시 확인해야 한다.

학술 논문은 일반 글보다 더 많이 검토해야 하고, 고치기가 오랜 기간 동안 진행될 수 있다. 학술 논문의 검토 또한 시간적 여유를 두고 검토하는 것이 좋다. 처음에는 항목별로 분리해 검토하고 나중에는 전체를 한꺼번에 읽고 검토하는 것이 효과적이다.

2. 글 고치기는 어떻게 하는가?

어떤 글이든 글쓰기를 끝냈다고 하더라도 한 번에 완벽하게 마무리되지 않는다. 글의 구성이나 표현이 제대로 되어 있는지 아니면 맞춤법과 오탈자가 없는지 등 마지막으로 확인하는 작업을 거치는 것이 일반적이다. 이 작업을 일명 '글 고치기' 또는 '글 수정하기'라고 한다. 글을 고치거나 수정하는 이유는 글의 완성도를 높이기 위함이다. 글의 내용이나 표현의 검토를 통해 전달하고자 하는 메시지를 정확히 전달하고 있는지를 확인하는 과정이라고 할 수 있다.

학술 논문도 일반 글과 마찬가지로 글의 수정작업이 행해진다. 특히 학술 논문은 일반 글과는 달리 글의 수정작업이 단순하지 않다. 우선 학술 논문은 글의 분량 면에서 일반 글과 다르다. 일반 글은 한두 쪽 분량에 불과하지만 학술 논문은 적어도 10여 쪽, 많게는 100쪽 이상이 된다. 그러다 보면 수정작업이 만만치 않고, 한두 번의 수정으로 완성되지 않는다. 달리 말하면 아무리 고쳐도 끝이 나지 않는다는 생각을 할 때가 적지 않다. 그러나 학술 논문은 연구자의 업적이 된다. 학술 논문을 대충 쓰려는 생각은 버려야 한다. 특히 학위 논문인 경우 대학원을 졸업하면 그만이라는 생각을 하기 쉽다. 그러나 학위 논문은 평생 남는다. 다른 학술 논문도 마찬가지이다. 학위 논문은 다른 연구자들이 연구할 때 중요한 자료로 활용될 수 있고, 나중에 중요한 순간에 결정적으로 작용할 수 있다.

학술 논문의 고치기는 크게 두 부분으로 나눠 접근하는 것이 좋다. 하나는 내용상의 고치기이고, 다른 하나는 외형상의 고치기이다. 학술 논문은 일반 글과는 달리 형식도 중요하다. 학술 논문의 내용상 고치기는 일반 글과 마찬가지로 글 고치기의 원칙을 적용하면 된다.

글 고치기에는 구성의 원칙과 삭제의 원칙, 첨가의 원칙이 있다. 구성의 원칙은 글 구성이 제대로 취해졌는가 하는 부분의 검토이다. 글쓰기에서 기본적이고 중요한 것은 글 구성이다. 글 구성이 제대로 취해지지 않으면 아무리 고치거나 수정해도 좋은 글이 될 수 없다. 글 구성은 전체의 틀은 물론 내용의 전개가 논리적인지도 고려의 대상이 된다. 학술 논문에서의 구성은 전체 목차에서 제대로 구성되고 있는지, 그리고 항목의 글이 올바르게 구성되고 전개되고 있는지를 고려하는 부분이라고 할 수 있다.

삭제의 원칙은 불필요한 내용을 과감히 버려야 한다는 것이다. 글쓰기는 주제를 중심으로 해야 하고, 주제에 벗어난 내용은 불필요한 내용이다. 일부에서는 힘들게 써놓은 내용을 버리는 것이 아까워 어떻게든 활용하려고 하는 경향이 있다. 그러나 불필요한 내용을 활용하다가는 주제에서 벗어난 글이 되고 만다. 소위 말해서 글이 삼천포로 빠져버린다는 것이다. 학술 논문에서 불필요한 내용이 확인되면 과감히 버리는 것이 좋다. 학술 논문에서 불필요한 내용은 항목의 주제를 고려해 그 주제에 벗어난다고 판단될 때에는 과감히 실행에

옮겨야 한다.

첨가의 원칙은 삭제의 원칙과는 반대로 필요한 내용을 추가하는 것을 말한다. 글의 내용을 서술하다 보면 원하는 대로 담겨지지 않는 경우가 있다. 또 하나는 아는 내용이 없어 못 담는 경우도 있다. 글을 쓸 때에는 '그냥 대충 넘어가도 되겠지, 내용을 추가적으로 담지 않아도 되겠지.' 하는 생각을 한다. 그러나 막상 써놓고 나면 내용의 부족한 부분을 발견할 수 있다. 이때에는 내용을 추가해야 한다. 내용의 추가는 주제를 충분히 녹일 정도가 되고 있는지를 기준으로 삼으면 된다. 글쓰기는 필자가 일방적으로 하는 것이 아니다. 글쓰기는 독자를 의식해 써야 하며, 독자가 주제를 잘 전달받을 수 있고, 독자가 의문을 가지지 않는지, 독자가 의문을 가진다면 그걸 충분히 해소할 수 있는지를 파악해야 한다. 흔히 글쓰기를 하면서 고려해야 할 것은 독자가 궁금해하는 것이 무엇이며, 그 궁금함을 풀어주려면 어떻게 해야 할까를 고민해야 한다는 점이다. 학술 논문도 연구자의 입장이 아니라 독자의 입장에서 바라봤을 때 주제에 대해 충분한 내용을 담고 있는지를 판단하는 것이 좋다. 그래야 글의 내용이 풍부해지고 충실해진다고 할 수 있다. 학술 논문에서는 분량이 많은 관계로 전체적으로 판단하기에는 어려움을 겪을 수 있다. 항목의 내용이 충분한지 고려해 접근하면 수월할 수 있다.

또한 학술 논문에서는 구성이나 내용의 문제도 중요하지만, 용어나 단어의 사용 또한 정확한지도 확인할 필요가 있다. 학술 논문은 일반 글과는 달리 전문 학술용어나 개념이 적지 않게 사용된다. 학술 용어나 개념을 정확하게 사용하지 않으면 그 학술 논문의 내용이 문제가 되고, 심지어 전체 내용이 용어 하나로 인해 학술 논문으로서의 가치를 지니지 못할 수도 있다.

학술 논문의 외형상 고치기는 글의 형식적인 부분과 뼈대 부분의 고치기라고 할 수 있다. 학술 논문의 고치기에서는 전체적인 틀을 비롯해 목차와 주석, 참고문헌이 정확히 되어 있는지 확인해야 한다. 학술 논문의 외형적인 부분에서 잘못이 발견되면 명품에서 싸구려 제품으로 전락될 수 있다. 외형적인 부분에서는 목차가 내용과 일치하게 제대로 구성되어 있는지, 그리고 참고문헌이나 주석의 표기가 문제 없는지를 반드시 확인해야 한다. 목차의 경우 본문의 표현과 맞지 않거나 페이지가 잘못 기입되는 경우가 있다. 이때에는 반드시 확인하고 수정해야 한다. 결국 글 고치기는 글을 최종적으로 완성품으로 만드는 과정이다. 학술 논문의 고치기에서는 전체적인 틀을 비롯해 내용과 표현의 세세한 부분까지 검토해야 한다. 그래야만 완벽하고도 좋은 글이 된다.

3. 주석은 어떻게 다는가?

학술 논문을 쓰다 보면 주석을 활용하는 일이 적지 않다. 일부에서는 주석의 활용에 별다른 신경을 쓰지 않는 경향이 있으나, 주석도 나름대로 신경을 써야 한다. 주석은 기본적으로 단어나 문장의 뜻을 쉽게 풀어놓은 것을 의미하지만, 학술 논문에서 주석은 좀 더 포괄적으로 활용된다. 그리고 주석은 지엽적인 것이 아니라 비중 있는 역할을 한다.

학술 논문의 글은 크게 본문과 주석으로 나눌 수 있다. 본문은 서론과 본론, 결론에서 메인으로 전개되는 것이고 주석은 본문의 보완적인 것이라고 할 수 있다. 본문과 주석이 합해져서 학술 논문이라는 글 단위가 된다. 학술 논문에서 주석은 두 가지 기능을 한다. 우선 주석은 본문에서 서술하기에는 흐름이 어색하거나 부가적으로 설명하는 내용을 담아내는 기능을 한다. 본문에서 내용을 추가하기에는 다소 어색하거나 논지가 끊어질 염려가 있을 때 주석을 활용한다. 어떻게 보면 본문에서 서술한 내용의 부연이나 설명을 덧붙이는 공간이라고도 할 수 있다.

또 하나는 인용의 출처를 밝혀주는 기능을 한다. 주석은 학술 논문에서 연구자의 생각이 아닌, 다른 사람의 지식이나 의견을 가져올 때 참고한 자료의 출처를 명기하는 공간이다. 글을 쓰다 보면 다른 사람의 의견이나 지식을 참고할 때가 많다. 이때에는 반드시 주석에 출처를 명기해야 한다. 그렇지 않으면 연구 윤리에 저촉되는 표절이 된다.

그러나 일반적으로 주석의 기능은 참고자료의 출처를 제시하는 공간으로만 간주하는 경향이 많다. 이 두 기능은 주석에서 하나만 적용되기도 하고, 둘이 함께 적용되기도 한다. 주석의 목적이 무엇이냐에 따라 다르게 적용된다. 본문의 내용을 보완적으로 설명하고자 한다면 그 내용만 주석에 서술하면 되고, 인용의 출처를 밝히고자 한다면 출처만 밝히면 된다. 그리고 본문의 내용을 보완해 설명함과 동시에 출처를 밝히고자 한다면 둘을 동시에 서술하면 된다.

주석 달기에는 흔히 내주와 각주, 미주가 있다. 내주는 본문 속에 주석을 다는 것을 말하고, 각주는 본문의 하단에 제시하는 것을 말한다. 미주는 글의 마지막 부분에 제시하는 것을 의미한다. 내주는 사회과학이나 자연과학 분야에서 많이 사용되고, 각주는 인문학 분야에서 많이 사용된다. 미주는 거의 사용되지 않지만 여러 편의 논문을 모아 단행본으로 출간할 경우에 종종 사용된다. 여러 편의 논문을 한 권의 단행본으로 출간할 경우 본문의 하단에 각주가 있으면 학술적인 단행본이라는 느낌을 주는 것을 상쇄하기 위한 일환이기도

하다. 어쨌든 주석은 학문 분야 또는 편리성에 따라 다르게 제시되고 있는 것은 사실이다.

주석에서 인용의 출처를 밝힐 때에는 저자명-책명-출판사-출판연도-인용한 페이지의 순으로 명기해야 한다. 특히 각주의 경우 이러한 서술 방식을 취한다. 그러나 내주는 본문 속에 제시되다 보니 각주의 명기보다 더 간략하게 제시된다. 그리고 주석에서는 인용한 페이지가 반드시 제시된다는 사실을 명심해야 한다. 이는 독자가 본문을 읽다가 출처를 알고 싶을 때 바로 주석을 보면 어느 참고자료의 몇 쪽을 참고한 것인지를 바로 확인이 가능하도록 하기 위함이다.

그러나 주석은 너무 장황하게 기술해서는 안 된다. 일부에서는 주석을 반 페이지 이상으로 서술하는 경우도 있다. 이때에는 가급적 줄여서 서술하는 것이 바람직하다. 주석은 어디까지나 주석의 기능을 해야 한다. 주석이 본문의 기능을 한다면 그것은 잘못된 것이다.

주석의 출처는 어떤 텍스트를 활용했느냐에 따라 부분적으로 다르게 제시된다. 일반적으로 주석에서 많이 제시되는 국내의 저서와 번역서, 논문, 신문 기사 등의 출처 표기는 다음과 같다.

〈국내 자료〉

- 저서

황성근, 『독일문화 읽기』, 북코리아, 2006, 157쪽.

- 논문

김성수, 「영화를 활용한 글쓰기 교육의 기초」, 『철학과 현실』 제90호, 철학문제연구소, 2011, 276쪽.

- 번역서

페터 바이스, 『아우슈비츠 강제수용소』, 황성근 옮김, 한국문화사, 2003, 87쪽.

- 신문기사

"법인세 정상화 왜 필요한가?", 〈한겨레신문〉, 2013년 8월 16일, 제5면.

- 사이버 글

"한국의 스티브 잡스는 프로그래머인가?", 〈니자드의 공상제작소〉, 2013년 5월 13일, 〈http://catchrod.tistory.com/1114?srchid=BR1http://catchrod.tistory.com/1114〉, (2013.8.14. -접속 날짜).

- 사전류

「다원적 국가론」, 『민중 에센스 국어사전』, 민중서림, 2001.

외국 자료의 주석 제시 또한 국내 자료의 주석 제시 방식과 거의 비슷하다. 외국 자료의 주석 제시가 국내 자료와 차이가 있다면 그것은 표기상의 기법이다. 예를 들어 저서인 경우 책명을 이탤릭체로 표기하고 논문은 인용부호를 사용해 제시한다. 외국 자료의 주석 제시 방식은 다음과 같다.

〈외국 자료〉

- 단행본

Vincent C. Kavaloski, *Interdisciplinary Education and Humanistic Aspiration*, New York, 1998, p. 224.

- 논문

Joseph J. Kockelmans, "Why Interdisciplinarity?", in: Joseph J. Kockelmans (Editor), *Interdisciplinarity and Education*, 1979, Pennsylvania State University, 1979, p. 127.

✚ 주석 활용 예시

본문의 내용을 보완하는 경우

과학 글쓰기의 내용적 접근에서는 우선적으로 학문 연구의 차이에서부터 시작된다. 과학 분야의 연구 방법은 인식론적으로 질적 연구와 양적 연구로 구분된다. 질적 연구는 연구의 내용이 수치화되는 것이 아니라 서술적으로 제시되는 것을 의미하고 양적 연구는 연구의 내용이 수치화 내지 정량화되는 연구를 말한다.[1] 과학 글쓰기에서는 질적 연구보다 양적 연구가 더 많이 행해진다. 특히 질적 연구는 과학 분야의 연구만이 아니라 인문학 분야의 대표적인 연구가 된다. 두 영역의 연구 차이는 학문적인 연구 방법과 특성에서 비롯되지만 두 연구가 갖는 의미를 통해 인문학과 사회과학, 자연과학의 공통점과 차이점을 도출할 수 있다.

---

1) 질적 연구에서 생산된 정보는 흔히 '정성적 정보'라고 하고 양적 연구에서 생산된 정보는 '정량적 정보'라고 한다. 정성적 정보는 수치화되지 않는 정보를 말하고, 정량적 정보는 수치화되는 정보를 의미한다.

참고자료의 출처만을 밝혀주는 경우

과학 논문의 IMRAD 구성은 실험이라는 연구 방법을 통해 생산된 내용을 담아내는 방식이지만, 실험 결과를 일목요연하게 제시하는 방법을 취한다. 그러나 다른 학문 분야의 학술적 글쓰기는 본론의 구성이 연구 내용에 따라 달라지고 복잡해진다. 이러한 부분은 바로 다른 분야의 학술글쓰기가 과학 글쓰기의 확장적인 글쓰기가 되고 있음을 보여준다.[1] 글쓰기는 기본적으로 동일하다고 할 수 있으나 어떤 유형의 글을 쓰느냐에 따라 내용과 구성, 표현이 부분적으로 달라진다. 과학 글쓰기는 기본적으로 과학 분야의 학술적인 글쓰기가 중심이 되고 있으나 교과 과정에서 인문학 글쓰기와 사회과학 글쓰기로. 응용될 수 있을 뿐만 아니라 이들 분야의 학술적 글쓰기와 접목해 새로운 글쓰기를 할 수 있도록 한다.

1) 황성근, 「이공계 글의 특징과 글쓰기 교육 방향 모색」, 『사고와 표현』 제3집 2호, 한국사고와 표현학회, 2011, 110쪽.

본문의 추가적인 설명과 출처 밝히기를 동시에 한 경우

Lydia Rüger는 경험적 사회탐구를 하는 데 있어서 인식을 위한 여러 가지 길이 존재하지만 대표적인 인식획득 방법으로는 질적 방법과 양적 방법이 있다고 주장한다. 그는 두 방법이 가공된 데이터의 형태에서뿐만 아니라 연구 방법과 대상, 학문적 이해에서도 차이를 드러낼 뿐만 아니라 두 방법은 통일되지 않는 대립으로 고려되는 것이 아니라 대립 쌍을 통해 특징되어진다고 주장한다.[1] 이러한 점은 결국 두 영역의 학문적인 특성과 내용으로의 접근을 이끌 수 있음을 제시한다.

1) 그는 두 영역의 차별적 특성은 사용되는 데이터 자료에 의해 빚어진다. 그는 양적 연구에서 가장 중요한 연구방법은 질문과 관찰이라고 주장한다. Lydia Rüger, *Interdisziplinäre Betrachtung qualitativer Forschungsmethoden und qualitative Betrachtung von Interdisziplinarität*, München, 2007, S. 11.

4. 참고문헌은 어떻게 제시하는가?

학술 논문을 쓰다 보면 많은 자료를 참고한다. 학술 논문은 연구자가 갖고 있는 지식만으로 쓸 수 없고 다른 연구자의 생각이나 지식, 의견을 참고하고, 그것이 활용 가치가 있으면 인용하거나 참고한다. 그러다 보니 한 편의 학술 논문이 생산되려면 다른 연구자의 자료를 참고하는 것은 필수라고 할 수 있다.

참고문헌은 학술 논문을 쓸 때 참고한 자료를 일목요연하게 제시하는 기능을 한다. 참고문헌은 말 그대로 학술 논문을 쓰는 데 있어서 참고한 자료를 말한다. 그리고 참고문헌은 학술 논문의 맨 마지막 부분에 제시된다. 참고문헌이 학술 논문의 맨 마지막 부분에 제시되는 것은 참고한 자료를 종합하는 의미가 크다. 달리 말하면 학술 논문을 쓰면서 참고한 자료를 한눈에 알아볼 수 있도록 정리한 것이라고 할 수 있다.

참고문헌에서는 학술 논문을 쓰는 데 참고한 자료를 모두 제시해야 하지만, 석사학위 논문의 경우 주석에서 제시한 자료만을 마지막 부분에 정리해 서술해야 한다. 일부에서는 많은 자료를 제시하기 위해 참고하지 않은 자료도 포함시키는 경우가 있는데 전혀 바람직하지 않다. 그러나 박사학위 논문은 주석에서 제시되지 않은 자료 가운데 참고한 자료가 있으면 제시해도 어느 정도 용인이 된다. 그러나 일반적으로 참고문헌은 본문의 주석에서 제시한 자료를 제시하는 것이 원칙이다.

1) 국내 자료

참고문헌의 제시는 주석에서 제시하는 방법과 거의 동일하다. 주석에서는 인용한 자료의 출처를 저자명과 책명, 출판사, 출판연도, 쪽수의 순으로 제시하는 것이 일반적이다. 참고문헌 또한 동일하게 제시되지만, 마지막의 쪽수가 제시되지 않는다. 특히 단행본은 쪽수를 제시하지 않는다. 그리고 학술 논문의 경우 주석에서는 참고한 자료의 쪽수가 제시되지만, 참고문헌에서는 참고한 자료의 쪽수가 아닌, 학술 논문이 실린 전체 페이지의 범위가 제시된다. 이 부분이 주석에서 제시하는 방식과 다른 점이다.

신문이나 인터넷 사이트의 자료를 제시할 때에는 글의 제목을 먼저 적고 신문사와 발행일자, 면의 순으로 적는다. 또한 참고자료가 여러 편일 때에는 저자의 성을 중심으로 가나다순에 따라 제시한다.

〈국내 자료의 참고문헌 제시〉

- 저서

황성근, 『정보의 생산과 시각적 표현』, 북코리아, 2007.

- 논문

황성근, 「미디어글의 수사학적 설득구조」, 『수사학』 16집, 한국수사학회, 2012, 193-223.

- 번역서

화이트헤드, 알프레드 노스, 『교육의 목적』, 오영환 옮김, 궁리, 2004.

- 신문기사

"고소득층 다시 지갑 열었나", 〈동아일보〉, 2013년 8월 24일, 제12면.

- 사이버 글

박종국, "우리 기부문화의 현주소", 〈다음 블로그〉
〈http://blog.daum.net/jongkuk600/13772703〉, (2013.5.2.)

2) 외국 자료

외국 자료의 제시도 국내 자료와 큰 차이가 없다. 외국 자료의 경우 주석에서는 저자명의 외국인 이름이 그대로 표기되지만, 참고문헌에서는 성이 먼저 제시되고 이름은 뒷부분에 명기된다. 이는 참고문헌에서 여러 편이 제시될 때 저자의 성을 중심으로 알파벳 순으로 정리되도록 하기 위해서이다. 그리고 참고문헌의 제시에서 국내 자료에서는 출판사명을 제시하지만, 외국 자료는 출판사보다 출판지역 또는 출판지역과 출판사를 동시에 명기한다. 이는 국내 자료가 거의 서울지역에서 출간되기에 출판지역을 표기하는 것이 의미가 없기 때문이다. 대신 외국 자료는 넓은 지역에서 문헌이 출간되기 때문에 출판사보다는 출판지역을 표기하는 것이다. 또한 외국 자료는 책명은 이탤릭체로 표기하고, 학술 논문명은 인용부호를 반드시 사용해야 한다.

〈외국 자료의 참고문헌 제시〉

- 저서

Weiss, Peter, *Die Ermittlung, Oratorium in 11 Gesängen*, Frankfurt am Main: Suhrkamp, 1991.

- 논문

Ebeling, Gehard, "Exitenz zwischen Gott und Gott", Zeitschrift für Theologie und Kirche 62, 1965, pp. 86-113.

마지막으로 참고문헌의 제시에서 국내 자료와 외국 자료가 함께 제시될 경우 국내 자료를 먼저 제시하고 외국 자료를 나중에 제시하는 것이 일반적이다. 물론 외국 자료가 우선시되는 학문 분야에서는 외국 자료를 먼저 제시하고, 그다음에 국내 자료를 제시하는 경우가 있다. 이때에는 학문 분야의 제시 기준에 따라 적용하면 된다.

11장

연구 윤리와 표절 방지

1. 연구 윤리란 무엇인가?

연구 윤리는 학문 연구, 즉 연구 활동을 하는 데 지켜야 할 도리 내지 윤리를 말한다. 연구 윤리는 학문 연구자이면 반드시 지켜야 할 의무사항이자 책임 조항이다. 연구 윤리가 중요시되고 있는 것은 학술 연구에도 엄연히 지켜야 할 도덕이나 윤리가 존재한다는 점이다.

얼마 전까지 우리 사회에서는 연구 윤리를 크게 강조하지 않았다. 연구 활동을 하는 데 있어서 지켜야 할 윤리가 있다는 사실조차 크게 고려하지 않았다. 그러다 보니 연구 윤리에 대한 논란이 끊이지 않았고, 심지어 연구 윤리를 지키지 않았다는 이유로 사회의 지탄을 받거나 정부의 고위직에서 물러나는 일도 발생하였다.

연구 윤리는 연구 활동을 하는 사람이라면 반드시 지켜야 한다. 학술 연구에서 중요한 것은 정직하게 연구해야 하는 것이다. 연구 윤리를 지키지 않는 것은 학문 연구를 정직하게 하지 않았다는 의미와 같다. 학술 연구에서 정직하지 못하다는 것은 학술 연구를 문제가 있게 수행했다는 의미와도 동일하다.

선진국에서는 연구 윤리가 상당히 엄격히 적용되고 있다. 특히 연구 윤리가 엄격히 적용되고 있다는 것은 정직한 학문 풍토가 조성되어 있다는 의미이다.

일상생활에서 다른 사람의 물건을 훔치거나 도둑질하면 법적인 제제를 받는다. 그런데 연구 활동에서는 다른 사람의 글이나 지적인 결과물을 무단으로 사용하더라도 그러한 제제를 받지 않은 것이 사실이다. 그러나 지금은 연구 윤리를 상당히 엄격히 적용하고 있고, 일부 대학에서는 연구 윤리에 저촉되는 일이 발생하면 연구자에게 치명적인 불이익을 가한다.

학술 활동에서 연구 윤리가 필요한 이유는 크게 네 가지로 나눌 수 있다. 첫째는 학술 연구가 진리를 추구하는 것이기 때문이다. 학술 연구는 진리를 추구하는 데 있다. 진리를 추구하는 일에 거짓이나 잘못된 행위가 보태진다면 그것은 진정한 진리의 추구가 될 수 없다. 학문은 학술 연구의 결과로 형성되고, 학술 연구의 과정에서 진리를 추구했느냐, 하지 않았느냐는 중요한 문제가 된다. 학술 연구에서 진리의 추구는 고유의 정체성라고 할 수 있다.

둘째는 정직한 연구 능력을 배양하기 위함이다. 학문 활동에서는 연구 능력이 중요시된다. 학술 연구자에게 연구 능력이 얼마나 되느냐에 따라 연구자로서의 평가가 다르다. 그러나 학술 연구는 어디까지나 정직하게 수행되어야 한다. 연구자가 다른 사람의 지식이나 생각을 무단으로 복제하거나 도용하면 그것은 진정한 연구가 되지 못한다.

셋째는 올바른 연구 태도를 습득하기 위함이다. 연구 윤리는 연구하는 데 있어서 지켜야 할 윤리를 말한다. 학술 연구에서 올바른 태도를 가지는 것은 무엇보다 중요하다. 다른 사람의 지식이나 생각을 함부로 끌어다가 마치 자신의 주장이나 생각인 듯이 피력하는 것은 올바른 연구 태도가 되지 못한다. 특히 올바른 연구 태도는 정직한 연구를 수행하는 첩경이 된다고 할 수 있다.

마지막으로는 연구에 대한 공정한 평가를 하기 위해서이다. 학술 연구는 공정하게 평가되어야 한다. 연구는 연구자가 가진 능력의 산물이다. 연구자의 연구가 공정하게 평가받는 것은 지극히 당연한 일이다. 연구자가 부정한 방법으로 연구를 수행했다면 그것은 평가의 대상이 되어서는 안 된다. 연구는 어디까지나 공정하고 객관적인 평가가 뒤따라야 한다. 연구자의 연구가 잘못되었음에도 불구하고 높은 평가를 받는다면 그것은 올바른 평가라고 할 수 없다. 연구자의 연구가 객관적이고 공정하게 평가되는 것은 연구 활동에서도 중요한 부분이라고 할 수 있다.

2. 연구 윤리에 저촉되는 행위는?

우리 사회에서는 그동안 학술 연구에서 연구 윤리에 대한 엄격한 적용이 이뤄지지 않았다. 학문은 개인의 소유가 아닌, 다른 사람과 공유하는 것으로 여겨 연구 활동에서도 윤리적인 부분이 강조되지 않은 측면이 있다. 특히 지식에 대한 공유를 우선시한 나머지 다른 사람의 지식을 갖다 쓰거나 이용하더라도 커다란 죄책감을 가지지 않았다. 그러나 서구에서는 학문 활동에서 연구 윤리는 중요한 도덕적 규범으로 인식되었다. 현재 우리 사회에서도 학문 활동에서 연구 윤리가 날로 강화되고 있고, 이는 세계적인 추세이기도 하다.

학문 활동의 연구 윤리에 저촉되는 행위는 여러 가지가 있다. 학술 논문 쓰기에서 저촉되는 행위는 크게 둘로 접근할 수 있다. 하나는 원자료의 생산에서이고 다른 하나는 실제 글쓰기에서이다. 원자료의 생산에서 빚어지는 연구 윤리의 저촉 행위는 변조와 위조이다. 변조와 위조는 인문학이나 사회과학, 자연과학 분야의 학술 연구에서 흔히 빚어진다.

변조는 원자료의 데이터를 왜곡하거나 조작하는 행위를 말한다. 연구를 하다 보면 데이터를 조작하는 경우가 발생할 수 있다. 특히 원자료의 데이터가 본래 의도한 대로 생산되지 않거나 달리 생산되었을 때 데이터를 부분적으로 조작하는 행위가 바로 변조에 해당한다.

변조는 인문학에서는 원자료를 왜곡하는 경우가 해당된다. 그리고 원자료의 내용을 잘못 이해한 경우도 변조에 해당된다. 예를 들어 문학작품의 줄거리를 서술할 때 작품에서 펼쳐진 대로 서술해야 하지만 시간적 순서를 뒤바꾸거나 앞뒤 내용이 맞지 않게 서술하는 경우이다. 또한 작품의 생산연도나 배경을 잘못 서술하는 것도 여기에 해당된다.

자연과학 분야에서는 실험 과정이나 실험 방법을 조작하는 경우가 해당된다. 특히 자연과학 분야의 실험 논문에서 실험 진행과정을 의도적으로 왜곡하거나 실험 결과를 다르게 담아내는 경우가 있다. 이는 대표적인 변조가 된다. 사회과학 분야 또한 설문조사에서 결과 데이터를 조작하는 경우에도 변조에 해당된다. 연구 활동에서 이러한 행위가 있어서는 안 된다. 학술 연구에서는 원자료의 데이터를 조작해서는 절대로 안 되며, 데이터의 조작에 의한 글쓰기는 사실을 왜곡하는 결과를 낳게 한다.

위조는 허위로 꾸며내는 것을 말한다. 달리 말하면 위조는 데이터를 허위로 만들어내 사실인 양 속이는 행위이다. 예를 들어 존재하지 않는 것을 존재하는 것으로 만드는 것을 의미한다. 위조는 흔히 사회과학과 자연과학 분야에서 흔히 빚어진다. 사회과학 분야에서는 설문조사로 원자료를 생산하는 경우가 있는데, 실제 설문조사를 하지 않고서 설문조사를 한 것처럼 꾸미는 행위가 위조에 해당된다. 자연과학 분야에서도 실험을 하지 않았음에도 마치 실험을 한 것처럼 꾸미는 행위를 말한다. 이들 모두 연구 윤리상 있을 수 없는 일이다.

실제 글쓰기에서의 연구 윤리에 저촉되는 행위는 표절이다. 실제 글쓰기에서 표절을 의도적으로 하는 경우가 있지만 표절이 무엇인지를 모르고 행하는 경우도 있다. 표절은 다른 사람의 글을 무단으로 도용하는 행위를 의미한다. 달리 말하면 표절은 지식의 절도행위라고 할 수 있다. 다른 사람의 지식이나 주장을 인정해 주어야 함에도 자신의 지식이나 주장인 양 속이는 행위가 바로 표절이다. 표절은 모든 학문 분야에서 행해지고 있으나 어떤 이유에서도 정당화될 수 없다.

3. 표절에는 어떤 유형이 있는가?

학술 논문 쓰기에서 연구 윤리는 상당히 중요하다. 학술 논문 쓰기에서 연구 윤리에 저촉되는 행위가 자주 빚어지지만 가장 많이 거론되는 것이 표절이다. 표절은 영어로 'plagiarism'로 표현된다. 표절이란 사전적으로는 "시나 글, 음악 따위를 지을 때 남의 작품의 일부를 자기 것인 양 몰래 따서 쓰는 행위"를 말한다. 표절의 대상은 글만이 아니라 문학작품이나 음악작품도 해당된다.

표절은 다른 사람의 글을 무단으로 사용하는 경우라고 알고 있지만, 구체적으로 접근하면 크게 네 가지로 나눌 수 있다. 우선 다른 사람의 글을 전부 또는 부분을 무단으로 사용한 경우이다. 글을 쓰다 보면 다른 사람의 글을 그냥 가져오거나 부분만을 가져와 사용하는 일이 있다. 이때 무단으로 사용하면 표절이 된다. 특히 이 경우는 노골적인 표절이 된다.

또 하나는 여러 사람의 글을 가져와 짜깁기한 경우이다. 이 경우는 한 사람의 글이 아니라 여러 사람의 글을 가져와 조합하는 방식을 취한다. 이때에는 대개 표절을 의도적으로 행하려는 의지가 적지 않다. 이러한 행위는 교묘한 방식의 표절이라고 할 수 있다.

셋째는 다른 사람의 아이디어를 무단으로 가져와 사용하는 경우이다. 다른 사람의 아이디어는 언제든지 필요하면 사용해도 된다는 인식을 적지 않게 한다. 그러나 다른 사람의 아이디어를 함부로 가져와 사용해서는 안 된다. 다른 사람의 아이디어를 사용하고자 할 때에는 사전에 동의를 구해야 한다.

마지막으로 그림이나 표, 그래프 등을 무단으로 사용한 경우이다. 흔히 그림이나 표, 그래프는 무단으로 사용해도 별다른 문제가 없을 것이라는 인식을 많이 한다. 그러나 자신이 직접 생산하지 않은, 다른 사람의 것은 함부로 사용해서는 안 된다.

학술 논문을 쓰다 보면 다른 사람의 글이나 아이디어, 그림이나 표, 그래프를 가져와 사용해야 하는 일이 생긴다. 이때에는 상대에게 허락을 직접 받을 필요는 없지만 출처를 반드시 밝혀야 한다. 출처를 밝히지 않고 무단으로 사용하는 경우에 표절이 된다. 결국 다른 사람의 글이나 아이디어, 표나 그림 등을 사용할 때에는 반드시 출처를 밝혀주어야 한다는 점이다. 그리고 출처는 정확히 밝혀야 한다. 출처를 불명확하게 밝혔을 때에도 표절이 된다.

현재 학문 공동체에서는 글쓰기에서 표절에 대한 검열을 철저히 하고 있다. 특히 일부 대학에서는 표절 확인 시스템을 도입해 연구 논문이나 학위 논문의 표절 여부를 철저히 검증하고 있다. 연구자들에게 연구 윤리에 대한 인식을 확실히 확립하고자 하는 차원이기도 하지만, 올바른 연구를 수행하도록 하기 위한 부분이라고 할 수 있다. 결국 중요한 것은 학술 논문 쓰기에서 표절은 절대 해서는 안 된다는 점이다. 학술 논문에서 표절이 확인되면 그 논문은 연구 논문으로서의 가치를 상실할 뿐만 아니라 연구자 또한 도덕성이나 윤리적인 측면에서 치명적인 타격을 입을 수 있다. 어떤 글을 쓰든 표절은 절대로 해서는 안 된다는 사실을 반드시 명심해야 한다.

4. 표절을 방지하려면

어떤 글을 쓰든지 간에 정직함이 가장 중요한 글쓰기의 자세이다. 정직함이란 자신이 쓰고자 하는 글의 내용에서 다른 사람의 의견이나 지식을 활용했다면 그것을 정확히 밝혀주는 것을 의미한다. 표절은 지식의 절도 행위이고, 표절을 한다는 것은 바로 글쓰기의 정직함을 포기하는 것을 말한다. 글쓰기의 정직함을 포기하는 것은 다른 사람의 물건을 자기 것인 양 속이는 행위와 다를 바가 없다. 그렇게 되면 자신의 글을 쓴 것이 아니라 다른 사람의 지식을 훔쳐 자신의 글이라고 버젓이 주장하는 꼴이 되고 만다.

그리고 표절한 글은 언젠가는 문제의 글이 되고, 심하게는 연구자로서 치명적인 타격을 입게 된다. 연구 활동을 하면서 다른 사람의 지식이나 생각을 참조하게 되고, 직 · 간접적으로 사용해야 하는 경우가 많다. 학술 연구는 기존의 연구를 토대로 발전하고, 또 거기서 새로운 연구가 진행된다. 그것이 학문의 발전을 가져오고 지식의 생산을 이끈다.

일반 글에서는 다른 사람의 지식이나 의견을 활용할 때 학술 논문보다 좀 더 융통성을 제공하는 경향이 있다. 그리고 일반 글에서는 다른 사람의 의견을 본문에서 녹여 풀어내는 선에서 그치는 경향이 있다. 그러나 학술 논문에서는 다른 사람의 지식이나 의견을 가져올 때에는 반드시 출처를 밝혀야 한다. 특히 학술 논문 쓰기에서는 다른 학자나 연구자의 연구에 대한 지식이나 의견을 가져와 자신의 연구에 대한 주장을 뒷받침하는 근거로 사용하는 것인 만큼 더욱 철저한 의식이 요구된다.

다른 연구자의 지식이나 의견을 가져올 경우 출처를 정확히 밝혀야 표절이 되지 않는다. 학술 논문에서 다른 사람의 지식이나 의견을 가져올 경우는 정확하게 하고 주석에서 출처를 밝힐 때에도 글쓴이와 책명 또는 논문명, 출간연도와 인용 쪽수 등에 실수가 있으면 안 된다. 이들 가운데 어느 하나라도 정확하지 않으면 표절이 된다.

표절을 방지하려면 애초에 다른 연구자의 지식이나 의견은 반드시 출처를 밝히는 것이 학술 논문 쓰기의 기본 철칙이라는 자세를 가져야 한다. 이를 위해서는 참고자료를 정리할 때 원문의 내용과 원문의 서지사항을 정확히 기록하는 것이 필수이다. 참고자료의 내용을 정리할 때 대충 기록하고 나중에 원문을 찾아 적어도 된다는 생각을 갖지 않는 것이 중요하다. 나중에 원문의 출처를 다시 확인하려면 번거로움만 가져준다. 적지 않은 참고자료를 일일이 확인해야 하고 해당 참고자료를 찾았다고 하더라도 인용한 내용의 페이지를 확인하는 데도 적지 않은 시간이 요구된다. 그러다 보면 시간적 낭비가 적지 않다. 참고문헌의 수가 적을 때에는 별다른 문제가 없지만, 참고문헌이 수십 개 이상일 때에는 시간적 낭비가 됨은 물론 학술 논문 쓰기의 효율성도 떨어

뜨린다. 특히 학위 논문의 경우 참고자료가 수백 개에 달한다. 이러한 방식으로 접근하게 되면 또 하나의 고역이 된다.

그리고 인용과 출처는 정확하게 기술해야 한다는 사실을 잊어서는 안 된다. 참고자료의 내용을 인용하더라도 정확성이 결여되면 그것 또한 표절이 된다. 인용 내용은 물론 서지사항 가운데 어느 하나라도 정확성을 기해야 표절이 되지 않는다. 결국 표절을 예방하려면 다른 연구자의 지식이나 의견을 활용할 때 정확히 인용하고 출처를 정확히 밝혀주는 방법밖에 없다는 사실을 명심해야 한다.

12장

연구 계획서 만들기

1. 연구 계획서란?

연구 계획서는 학술 논문을 쓸 때 반드시 작성해야 하는 것은 아니다. 그러나 석사학위와 박사학위 논문을 쓸 때에는 대학원에서 사전에 연구 계획서를 제출하는 형식을 취한다. 연구 계획서는 대학원에 제출하기 전에 지도교수의 승인을 받아야 하지만, 일부에서는 지도교수의 피상적인 승인만 받고 제출하는 경우도 있다. 그러나 지도교수의 검토를 철저히 받고 제출하는 것이 바람직하다. 물론 지도교수의 입장에서는 시간적으로 부족한 부분이 있을 수 있으나, 지도교수의 지침을 받는 것이 정상적이라고 할 수 있다. 연구 계획서를 얼마나 충실하게 작성하느냐에 따라 학술 논문의 질이 달라지고, 학술 논문으로 쓰기에 문제가 있다면 사전에 다른 방향으로 연구 계획을 잡아야 한다.

연구 계획서는 연구를 어떻게 할 것인지에 대한 내용을 담는 글이다. 어떻게 보면 연구를 설계하는 부분이라고 할 수 있다. 학술 논문을 쓸 때 연구 계획서를 작성하지 않고 접근하는 것은 연구를 체계적이고 효율적으로 수행하는 것을 어렵게 한다.

연구 계획서는 우선 전체 연구에 대한 윤곽을 담아낸다고 생각하면 된다. 어떤 일을 하려면 사전에 그 일을 어떻게 추진할 것인지를 생각하고 설계해야 한다. 그렇지 않고 무턱대고 하다간 낭패를 보기 일쑤이고 일을 제대로 추진하기도 어렵다. 예를 들어 유럽지역을 여행한다고 해 보자. 여행 계획을 세우는 것과 세우지 않는 것은 천지차이다. 여행 계획을 세우면 여행 기간에 알차고 실속 있게 여행할 수 있지만, 여행 계획을 세우지 않고 주먹구구식으로 여행하면 제대로 된 여행을 할 수 없는 이치와 같다.

그리고 연구 계획서는 연구를 수행할 때 어느 부분이 문제가 되고 어떤 방식으로 접근해야 하는지도 파악할 수 있다. 흔히 막연히 생각하는 것과 글로 적으며 생각하는 것의 차이는 엄청나다. 연구를 수행하려면 글로 직접 적어 보는 것이 훨씬 도움이 된다.

또 하나는 연구 계획서는 연구 계획이 구체적으로 실현될 수 있는지 판단할 수 있는 자료가 된다. 연구 결과를 제대로 도출할 수 있는지, 가치 있는 연구가 될 수 있는지 판단하는 자료가 된다. 달리 말하면 연구 계획서를 통해 연구의 타당성을 확인할 수 있는 작업을 할 수 있다. 결국 연구 계획서는 앞으로 연구할 계획을 구체적으로 도출하는 기본 설계도라고 할 수 있다.

2. 연구 계획서는 어떻게 구성되는가?

연구 계획서는 일정한 양식을 갖는다. 연구 계획서는 기본적으로 연구를 수행하는 데 필요한 내용을 개괄적으로 담는다. 그러므로 연구를 계획하려면 어떤 내용이 필요한지가 담겨진다. 연구 계획서는 기본적으로 연구의 제목을 비롯해 연구의 목적과 필요성, 연구 방법과 범위, 연구의 내용, 참고문헌 등을 담아내는 것이 일반적이다. 일부 연구 계획서에는 연구 일정이나 기타 세부적인 내용이 더 추가되는 경우도 있다. 그러나 특별한 경우가 아니면 생략된다.

연구의 제목은 말 그대로 연구의 주제가 된다. 연구 주제는 학술 논문 쓰기에서 가장 중요한 부분이라고 할 수 있다. 연구 주제를 어떻게 잡느냐에 따라 학술 논문의 질이 달라지고 평가 또한 달라진다. 연구 주제는 구체적이고 분명해야 한다. 그리고 학술적 연구의 가치가 있는지를 판단해야 한다. 연구 주제 잡기 방법을 그대로 적용하면 큰 문제가 없다. 그리고 부제가 있을 때에는 부제도 함께 서술해야 한다.

연구 목적과 필요성은 왜 연구를 하는지, 왜 연구가 필요한지에 대한 내용이 담겨진다. 어떤 행동을 하더라도 목적이 있듯이 연구에도 목적이 있어야 한다. 연구는 어떠한 목적을 가지고 있기에 실행하게 된다. 연구 목적에는 왜 연구를 하게 되었는지에 대한 내용을 개괄적으로 서술하면 된다. 연구의 필요성 또한 연구 목적의 연장선상에서 피력하면 된다.

연구 방법과 범위에서는 어떤 연구 방법을 동원할 것인지, 그리고 연구 대상의 범위를 어느 선까지 할 것인지에 대한 내용이 서술된다. 연구 방법은 학문 분야마다 조금씩 다르고 연구 대상에 따라 다르다. 연구 방법은 최대한 구체적으로 서술하는 것이 바람직하다. 학술 연구를 할 때 연구 대상을 정하지 않고 수행하는 것은 무리가 있다. 그래서 연구 대상의 범위를 한정해야 한다. 그래야만 연구 결과를 구체적으로 도출할 수 있다.

연구 내용은 연구에서 도출되는 내용이 해당된다. 연구 내용은 어떻게 보면 연구의 핵심 부분이다. 연구를 하게 되면 어떤 결과를 도출하게 될 것인지에 대한 내용이 서술되는 부분이다. 연구 내용은 전체를 서술적으로 전개할 수도 있으나, 목차 형식으로 제시되기도 한다. 그러나 먼저 전체 내용을 서술하고 거기에 가목차를 추가하는 것이 좋다.

〈연구 계획서의 구성〉

가. 연구 제목
나. 연구 목적 및 필요성
다. 연구 방법과 범위
라. 연구 내용
마. 연구 의의
바. 연구 일정
사. 참고문헌

연구 의의는 연구를 한 결과 어떤 의미를 가질 수 있는지에 대한 내용을 서술하게 된다. 연구 의의는 계획서를 쓸 때에는 예측하는 부분에 해당되지만, 연구의 목적과 연결해 서술하면 된다. 연구 목적에 맞게 연구했다면 그 결과 어떤 의의를 가지게 되는지를 파악하면 무난하게 서술할 수 있다.

연구 일정은 전체 연구 기간에 어떻게 진행할 것인지에 대한 내용을 담게 된다. 연구는 짧은 기간에 끝나지 않는다. 학위 논문을 쓰려면 석사학위는 적어도 한 학기 이상의 기간이 걸리고, 박사학위는 2~3년의 기간이 걸린다. 그러나 연구 계획서에서는 6개월 내지 1년 단위의 연구 일정을 적게 된다. 이 기간 동안 어떻게 연구하고 진행할 것인지를 제시한다고 생각하면 된다. 내용은 시간적인 순서에 따라 서술하면 된다. 연구 일정은 연구 계획서에 요구하면 서술하고 그렇지 않으면 생략해도 상관이 없다.

참고문헌은 연구를 하는 데 참고할 자료를 제시하는 공간이다. 참고문헌은 연구에서 필요한 자료가 무엇인지를 찾아 제시하면 된다. 결국 연구 계획서는 전체 연구를 개괄적으로 설계한다고 할 수 있다. 연구 계획서는 구체적이고 체계적으로 작성하는 것이 좋다. 연구 계획서에 담기는 연구의 목적이나 필요성, 연구 방법과 범위, 연구의 내용은 실제 학술 논문을 쓸 때 그대로 사용할 수 있으며, 거기에 내용을 추가해 서론이나 본론 부분을 완성할 수 있다. 하나의 계획을 하더라도 철저히 하는 것이 중요하다. 연구 계획서는 다소 형식적인 부분이 있다고 할 수 있지만, 처음부터 제대로 작성하는 것이 필요하다.

3. 연구 계획서는 어떻게 쓰는가?

연구 계획서는 양식에 따라 작성하는 것이 원칙이다. 연구 계획서의 양식에 맞춰 내용을 일목요연하게 서술하고 지나치게 복잡하게 작성하는 것은 바람직하지 않다. 연구 계획서는 앞으로 연구를 어떻게 할 것인지에 대한 계획을 담게 된다. 연구 계획서를 작성하려면 연구 주제를 명확히 정하고, 연구 주제를 왜 정했는지 그리고 무엇 때문에 연구하게 되었는지를 파악해야 한다. 이때 현재의 상황을 고려하거나 기존의 연구를 검토해 접근해도 무방하다. 그리고 연구에서 핵심적으로 도출해야 하는 것이 무엇인지도 정확히 파악하고 접근해야 한다. 달리 말하면 연구 주제를 완벽하게 이해하고 연구 주제에서 무엇을 도출하고자 하는지를 분명히 해야 한다. 그런 다음 항목별 내용에 따라 서술하면 된다.

항목의 서술에서는 장황하게 하기보다는 핵심적인 내용을 중심으로 하고, 필요하면 번호를 매겨서 해도 무방하다. 어떤 방법을 취하든 간에 연구 계획서를 보면 어떤 연구 주제를 어떻게, 그리고 무엇을 연구하고자 하는지를 한눈에 파악하도록 전개하는 것이 좋다.

연구 계획서는 4쪽 이내의 분량으로 작성하는 것이 일반적이고, 내용을 기술할 때에는 명료하게 한다. 어쨌든 연구 계획서는 연구를 기본적으로 설계하는 부분이며, 연구를 진행하면서 연구 계획서의 내용이 수정될 수 있고, 필요한 경우에는 새로운 내용이 추가될 수 있다. 연구 계획서는 연구의 결과를 담아내는 것이 아니라 연구를 어떻게 계획하고 있는지를 담게 된다. 또한 학술 논문은 애초에 연구 계획서의 내용과는 다르게 쓸 수도 있다.

그러나 중요한 것은 연구 계획서를 쓸 때 연구에 대한 전반적인 내용을 충분히 알고 서술해야 한다는 점이다. 연구 계획서는 나중에 학술 논문을 쓸 때 그대로 활용될 수 있다. 연구 목적은 학술 논문의 서론으로 활용되고, 연구 내용은 학술 논문의 본론으로 활용된다. 연구 의의는 학술 논문의 결과 또는 본론을 서술하는 데 도움을 준다.

어떤 글이든 내용을 완벽하게 이해하고 서술하는 것과 그렇지 않은 것은 엄청난 차이가 난다. 연구 계획을 할 때에는 막연히 접근하기보다 평소에 관심이 있거나 학문 분야에서 주목을 받을 수 있는 주제를 잡고, 그 주제에 대한 구체적인 접근을 하고 연구 계획서를 쓰는 것이 이상적이라고 할 수 있다.

✚ 연구 계획서 예시

1. 연구 제목

영화 〈워낭소리〉를 활용한 글쓰기 교육 연구

2. 연구의 목적

현재 대학에서 글쓰기 교육이 중요시되고 있으며, 글쓰기 교육에 관한 연구도 많이 행해지고 있다. 그러나 글쓰기 교육에 대한 연구는 글쓰기의 교과 운영에 대한 교육이나 글쓰기의 실전을 중심으로 한 교육이 주를 이루고 있다. 그러나 글쓰기는 이론보다는 실습을 중심으로 하는 것이 교육적인 효과를 가져올 수 있다. 글쓰기의 실습 또한 문장이나 단락, 맞춤법, 띄어쓰기보다는 글의 주제에 대한 배경지식을 충분히 쌓고 그것에 대해 글쓰기를 실습하는 것이 교육적 효과가 더 크다고 할 수 있다.

글쓰기에서 중요한 것은 단순히 글쓰기만을 추구하는 것이 아니라 글의 재료가 되는 배경지식을 확보하는 것이고, 글쓰기 교과 또한 학생들로 하여금 쓰고자 하는 글에 대한 충분한 배경지식을 확보하게 한 다음 글쓰기를 유도하는 것이 효과가 있다. 특히 글쓰기는 텍스트를 읽고 분석하고, 그 내용을 완벽하게 파악한 다음 글의 주제를 잡고 한 편의 글을 완성하는 것이 주효하다고 할 수 있다.

지난 2009년에 개봉된 영화 〈워낭소리〉는 가공된 현실이 아닌, 실제의 현실을 담아낸 다큐멘터리다. 영화의 내용은 물론 인물들의 연기 또한 자의적이거나 가식적이지 않고 실제의 모습 그대로를 보여준다. 이러한 점은 일상의 현실과 영화의 현실이 동일함을 제공한다. 이러한 부분은 영화 속에서 실제의 현실을 읽고 분석하고 사고할 수 있게 할 뿐만 아니라 영화의 문제를 현실의 문제와 접목해 녹여낼 수 있다. 따라서 글쓰기 수업에서 읽기 텍스트로서 영화 〈워낭소리〉가 어떻게 활용되었고, 말하기와 학문탐구 방식을 접목해 진행한 결과 어떤 효과가 있었는지, 그리고 글쓰기 교과를 어떻게 갖고 가야 하는지에 대한 방향성을 제시하고자 한다.

3. 연구 방법과 범위

현재 대학에서 영화 〈워낭소리〉를 활용한 글쓰기 수업을 진행해 결과를 도출하고, 기존의 글쓰기 수업 진행과의 결과를 통해 텍스트를 활용한 글쓰기 교육의 효과성을 입증하고자 한다. 수업 진행은 한 학기 수업 가운데 글쓰기 이론 수업 후 첫 3주에 걸쳐 영화 〈워낭소리〉를 보기와 읽기, 쓰기의 순으로 진행하며 한 단계에 1주씩 할애할 계획이다. 영화를 본 다음에는 개인별 소감을 간단하게 말하게 하고, 읽기 발표와 쓰기 발표는 팀으로 구성해 진행하려고 한다. 팀은 2~3명으로 하되 발표 시에는 함께 상의하고 논의해서 하도록 유도한다.

읽기 발표와 쓰기 발표 후에는 질문과 답변시간도 가질 계획이다. 그리고 팀별 쓰기 발표가 끝나면 바로 개인별 글쓰기를 하고, 개인별 글쓰기 또한 수업 시간에 진행한다. 이때는 기존의 팀별 읽기 발표와 쓰기 발표의 자료를 활용할 수 있도록 할 계획이다. 그리고 개인 글쓰기에 대한 평가를 한다. 개인 글쓰기의 평가는 기존에 텍스트를 활용하지 않은 수업에서 행한 학생들의 글쓰기와 객관적으로 비교해 교육적 효과를 산출할 계획이다. 그리고 부분적인 설문조사를 통해 주관적 평가 또한 비교할 계획이다.

연구 대상은 1학년 학생을 대상으로 하며, 비슷한 수준의 동일 계통의 학과를 대상으로 한다. 그리고 인원은 30~40명으로 구성된 한 클래스의 학생을 대상으로 실험할 계획이다. 글쓰기는 주장 또는 설득적 글쓰기로 한정하며, 평가 지표 또한 글 구성과 내용, 표현, 기타로 나눠 객관적으로 실시할 계획이다.

4. 연구 내용

연구 내용은 크게 영화 〈워낭소리〉의 기본적인 내용과 더불어 글쓰기를 위한 읽기 텍스트로서의 특징에 관한 것과 영화 〈워낭소리〉를 글쓰기 수업에 실제로 활용한 과정, 그리고 개인 글쓰기의 평가 결과물을 토대로 한 분석이 중심이 된다. 우선 영화 〈워낭소리〉가 글쓰기를 위한 읽기 텍스트로서 어떤 특징을 지니고 있는지에 대한 부분을 작품의 분석을 통해 도출해 서술한다. 그리고 영화 〈워낭소리〉를 글쓰기 수업에 어떻게 활용했고 보기와 읽기, 쓰기의 과정을 어떻게 진행했는지에 대해 세부적으로 서술한다.

또한 개인 글쓰기에 대한 평가를 하고, 그 평가를 기존 텍스트를 활용하지 않고 수업을 진행한 학생들의 글쓰기에 대한 평가를 비교 분석한 내용을 전개한다. 마지막으로 영화 〈워낭소리〉를 활용한 글쓰기 교육이 글쓰기의 어떤 부분에 영향을 미치고, 어떤 교육적인 효과를 가져오는지에 대해 분석해 담는다.

연구의 기본적인 목차는 다음과 같다.

1. 서론
2. 영화 〈워낭소리〉의 텍스트로서의 특징
   1) 영화 〈워낭소리〉의 개요
   2) 영화 〈워낭소리〉의 특징
3. 영화 〈워낭소리〉의 교과 구성과 활용 방법
   1) 영화 〈워낭소리〉의 교과 구성
   2) 영화 〈워낭소리〉의 교과 활용 방법
4. 영화 〈워낭소리〉의 읽기와 쓰기
   1) 영화 〈워낭소리〉의 읽기
   2) 영화 〈워낭소리〉의 쓰기
5. 영화 〈워낭소리〉를 활용한 글쓰기 효과
   1) 구성적 측면
   2) 내용적 측면
   3) 표현적 측면
6. 결론

결국 영화 〈워낭소리〉가 글쓰기 수업에 어떻게 활용되었고, 어떠한 방법으로 수업이 진행되었으며, 그 결과 어떤 교육적인 효과가 있는지에 대해 핵심적인 내용으로 담고자 한다.

5. 연구 의의

우선 글쓰기는 단순히 글쓰기만을 중심으로 하기보다 텍스트를 활용한 글쓰기 교육이 교육적인 효과가 더 클 수 있다는 점을 제시할 수 있다. 흔히 글쓰기의 3박자로 배경지식과 사고력, 표현력을 말한다. 여기서 근원적으로 중요한 것은 배경지식이다. 배경지식이 충분히 확보되면 사고력과 표현력은 자생적으로 생겨날 수 있다. 영화 〈워낭소리〉를 글쓰기 교육에 활용해 영화에 대한 충분한 배경지식을 확보한 다음 글쓰기를 진행하는 것이 자신만의 글쓰기를 할 수 있을 것으로 판단한다.

또 하나는 의사소통 교육이라는 큰 틀에서 볼 때 글쓰기와 말하기를 병행함으로써 교육적 효과를 더 많이 가져올 수 있고, 글쓰기 교육 또한 말하기와 병행함으로써 글쓰기를 더 잘할 수 있음을 제시한다. 글쓰기와 말하기는 동전의 양면과 같다. 글쓰기와 말하기가 서로 분리되는 것이 아니라 메시지를 정확히 전달하는 의사소통의 수단이며, 글쓰기와 말하기를 통합해 접근하는 것이 의사소통 교육에도 많은 도움을 줄 수 있다.

마지막으로 글쓰기 교육에 대한 새로운 인식을 갖게 할 수 있다. 지금까지 글쓰기 교육은 단순히 글쓰기에만 초점이 맞춰지고, 그것이 글쓰기 교육의 전부라는 인식을 강하게 가진 경향이 있었다. 그러나 글쓰기 교육은 글쓰기와 말하기와 병행한 큰 틀에서의 의사소통 교육으로 접근하는 것이고, 나아가서는 학문 탐구 방식을 접목한 교육이 앞으로 지향해야 할 방향이라는 점을 제시할 수 있다. 또한 글쓰기는 글쓰기 자체를 교육하는 데 머물기보다 학문의 탐구방식을 체득하게 하고, 그 체득의 결과를 의사소통이라는 큰 틀에서 수행하도록 하는 것이 글쓰기 교육의 올바른 지향점임을 제시할 수 있다고 생각한다.

6. 참고문헌

- 김성수, 「영화를 활용한 글쓰기 교육의 기초」, 『철학과 현실』 제90호, 철학문화연구소, 2011, 274-285쪽.
- 김이석 · 김성욱, 『영화와 사회』, 한나래출판사, 2012.
- 박현희, 「'통합적 열린 글쓰기 교육' 원리에 입각한 '창의적 사고와 글쓰기' 교육모형: 영화 〈부당거래〉를 활용한 '공동체와 정의' 주제 수업 사례」, 『사고와 표현』 제4집 12호, 한국사고와 표현학회, 2011, 7-34쪽.
- 이상금, 「영화 매체를 활용한 '창의적 글쓰기' 학습모형」, 『독어교육』 제43집, 한국독어교육학회, 2008, 117-143쪽.
- 이소림, 「대학 교양 표현교육과 멀티미디어 활용 방안 연구」, 『어문학교육』 제43집, 한국어문학교육학회, 2011, 177-198쪽.
- 황영미, 『영화와 글쓰기』, 예림기획, 2009.
- 허남영 · 이상금, 「언어학습에서 창의적 글쓰기와 영화 매체의 효용성」, 『교사교육연구』 제48집 3호, 부산대학교 과학교육연구소, 2009, 1-22쪽.

참고문헌

강석우 외, 『대학생을 위한 인문학글쓰기』, 아카넷, 2009.

황성근, 『미디어글쓰기』, 박이정, 2005.

황성근, 「미디어글의 수사학적 설득 구조: 신문기사를 중심으로」, 『수사학』 16집, 한국수사학회, 2012, 193-223쪽.

______, 「과학글쓰기를 위한 학제적 접근을 위한 고찰: 학술적 글쓰기를 중심으로」, 『교양교육연구』 제7권 2호, 한국교양교육학회, 2013, 399-427쪽.

______, 「텍스트를 활용한 글쓰기 교육 연구」, 『교양교육연구』 제7권 4호, 한국교양교육학회, 2013, 39-69쪽.

황성근 외, 『대학생을 위한 과학글쓰기』, 아카넷, 2009.

다음 사전 <http://dic.daum.net/index.do>